中華文明傳真 Chinese Civilization In A New Light

9

明

興與衰的契機

劉煒 ●————— 主編

王莉 ●————— 著

商務印書館

《中華文明傳真》徵集有關文物考古資料和照片時，得到以下單位及人士的大力支持和協助，在此鳴謝。

中國文物學會
中國文物交流中心
中國社會科學院考古研究所
中國歷史博物館
全國各省、自治區博物館
人民畫報社
澳門海事博物館
澳門藝術博物館
日本國松浦史料博物館
日本國東京大學資料編纂所
上海戲劇學院舞台美術系劉永華先生

本卷照片提供：王書德　田村　李凡　孫志江　高明義　郭羣
　　　　　　　張羽　樊申炎　羅哲文 等
　　　　　　　《中國地域文化大系》之《河隴文化》、《草原文化》、《吳越文化》，
　　　　　　　《清代宮廷生活》、《紫禁城宮殿》等。
　　　　　　　上海辭書出版社、商務印書館(香港)有限公司 等

中華文明傳真 9
明 —— 興與衰的契機

出 版 人 …… 陳萬雄
總 策 劃 …… 張倩儀
主 　 編 …… 劉煒
作 　 者 …… 王莉
責 任 編 輯 …… 李德儀
封 面 設 計 …… 日本國株式會社見聞社（坂本公司 Sakamoto Koji）
版 式 設 計 …… 陳穎欣
插 　 圖 …… 邵滿
電腦復原圖 …… 梁竹君
出 　 版 …… 商務印書館（香港）有限公司
　　　　　　 香港筲箕灣耀興道 3 號東滙廣場 8 樓
　　　　　　 http://www.commercialpress.com.hk
印 　 刷 …… 中華商務彩色印刷有限公司
　　　　　　 香港新界大埔汀麗路 36 號中華商務印刷大廈
版 　 次 …… 2001 年 12 月第 1 版
　　　　　　 2002 年 5 月第 2 次印刷
　　　　　　 © 2001 商務印書館（香港）有限公司
　　　　　　 ISBN 962 07 5310 0
　　　　　　 Printed in Hong Kong

看見歷史、感受歷史、思考歷史

　　《中華文明傳真》是一套開創性的叢書，它將中國歷史從帝王將相、改朝換代的框架中釋放出來，用文獻和考古學結合的方法，以最新的考古成果全方位、新視角、多層面、新觀念去重新闡釋。將歷史發展過程中最關鍵的觀念，物質文明最重要的細節，用現代的手法展現出來，因而從內容到形式，皆獨具特色、富有新意。中國的歷史從未被如此剖析過。

　　中國是　個幅員遼闊的多民族國家，為了將它五千年的歷史重新演繹，我們組織了一批深諳文獻和考古學的專家，費五年之功編寫，期間反覆修改，力求保證叢書的學術水準。歷史的發展與當時的環境、物質條件、文明程度息息相關，展示和闡明這種種聯繫，對於認識歷史發展的多樣性、複雜性，是十分必要的，但卻是以往未曾被重視的。為此，我們在全國各地博物館和文物考古所的大力支持下，選取了數千幅照片，其中包括珍貴的航拍和衛星照片，重現古代的都城、山川形勢等，使讀者可以感受到當時人們的物質生活環境。各地博物館和文物考古研究所還專門為本書拍攝最新考古現場和出土文物照片。至於一些已經湮沒無法拍攝的遺迹，則以三維電腦圖或插圖復原本來的面貌。利用最新的考古研究的成果彌補文獻記錄的空白，突破以往歷史書以文字敍述為主的舊模式，透過精練簡白的文章、多元的視像元素，讓中國歷史立體地呈現出來。中國的歷史從未被如此展示過。

　　歷史作為人類既往行進、發展的記錄，原本就是多元多面、錯綜複雜的。本叢書為了適應快節奏的時代步伐，力求在有限的篇幅中增強信息量，避免沉悶氣氛，文字以精練簡白見長，讓事實說話，讓實物作證，主題突出，特色鮮明，取今人之獨有，補前人之空缺。使讀者以新視角、新層面看見歷史，感受歷史，思考歷史。

劉煒

二○○一年六月

目錄

目錄

明朝

公元1368年～公元1644年

- 皇權極端集中的政體

- 百業興旺發達的經濟

- 七下西洋後封閉自保的國策

- 一個強大卻令後人迷惘的朝代

精心規劃的皇都

① 南京 —— 短暫的都城

南京是明朝初年建立的都城,也是當時世界上規模最大的城市之一,它對明初穩定政局和恢復經濟發揮過巨大作用。但是,南京只是過渡性的短暫都城,自明朝在此建國算起,歷時五十三年。在第三任皇帝成祖時期,為防範退居漠北、蓄勢待發的蒙古諸部,決定遷都北京,南京從此成為陪都。

都城的選擇

公元1356年,朱元璋在攻克了古有"龍盤虎踞"之稱的南京城後,取得立足之地,從此憑藉長江天險,以及地處中國南方的首富之區、自古經濟文化發達的優勢,不斷鞏固發展,終於在1368年建立明朝。然而,朱元璋建國後,對於定都南京抑或關中,猶豫不決。當時,國家處於經濟凋敝的困境,統一大業尚未完成,明朝只擁有中原、江南及閩廣等地,國家的財力及政局都不允許其放棄南京這一經營多年的根據地另建都城,於是這座六朝繁華都會在洪武十一年(1378)被正式定為國都,又一次成為國家的政治中心。

突破傳統觀念的佈局

南京城的規劃佈局,突破傳統的都城觀念,不求方整的傳統規格,而是按照自然地形,依山臨江,隨勢建城,並充分利用六朝和南唐的舊城格局,進行統一規劃佈局。將城市分為三個明顯的區域:宮殿區(皇城)、居民及商業區(市區)、兵營(軍事區),並未採用歷朝以宮殿區為中心的都城規劃。

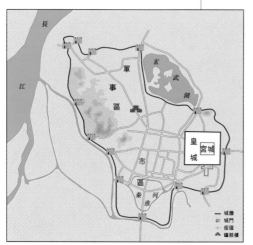

南京城區域分佈圖
皇城避開鬧市區;市肆及居民區在中部、南部,秦淮河兩岸為繁華的商業區及手工業區;城西北地形複雜,起伏較大,成為屯兵的軍事區。而城市幹道將三部分有機地聯成一個整體。

城市功能區分明確

南京城周長33.676千米，面積43平方千米，是14世紀世界上規模最大的都城之一。在中國歷朝都城規模中僅小於明清的北京城和隋唐的長安城。

南京的都城分宮城、皇城及外城三重，都城的佈局以至城門、宮殿名稱，都被日後的北京城沿用下來。

洪武官窰瓷片

這是在玉帶河出土的瓷器殘件。洪武時期的瓷器以青花、釉裏紅為主，其中釉裏紅更因太祖以紅為貴而大量生產。

鼓樓

洪武十五年(1382)建，用於報時。鼓樓樓高兩層，本身高30米，位於高40米的鼓樓崗上，合計高70米。登樓遠眺，可盡覽南京虎踞龍盤的山川氣勢。

外五龍橋和玉帶河

外五龍橋位於皇城前的護城河上，因有五橋並排，且橋上刻有龍紋，故稱五龍橋。這條護城河的河水與玉帶河水匯合後便流向西南。另在宮城內的護城河則有內五龍橋。

依據天象佈置的南京城城牆

南京城是仿照宇宙天象來佈局的，以求體現朱元璋"皇權神授"的統治地位。"北斗"象徵皇權，"南斗"象徵百姓。城門的分佈代表南斗星的六顆星座和北斗星的七顆星座。

② 世界最大的城牆

明初建設南京城時戰火未熄，因此在都城規劃方面，不僅注重利用優越的天然地勢，更注重防禦工程的建設。為適應大規模的騎兵戰爭，南京城的城牆防禦體系完備，堪稱14世紀初世界上最偉大的工程，也是世界上現存規模最大的古城牆。

擺脫傳統規則的城牆

中國自商周以來，城牆平面都是長方形的。而明朝南京城的城牆，為了應付當時戰局的需要，從戰備的角度進行佈局，依自然山水之勢而建，平面呈不規則形狀，全長33.676千米，將六朝建康城、南唐金陵城都包括在內。城牆的高度為14～21米，用花崗岩作牆基，再砌以巨磚條石。洪武二十三年（1390），為控制城外的鍾山、雨花台、幕府山等制高點，又利用自然形成的黃土崗壟建築外廓城，並在險隘處加築堅固的城壘。外廓城周長60千米，使城市規模更大。

城牆的建造特點

南京城的營建是經過一番考究的，作為核心建築的城牆更有獨到之處。城牆以煤炭燒製的磚建造，比宋元時代用柴薪燒出來的磚硬度更高，防衛力更強。城牆的牆基用巨大的條石鋪砌，條石之間用糯米拌石灰作黏合劑，並摻灌桐油，使牆基堅固異常。

城門的防禦威力

城牆共開闢十三門，尤其聚寶、正陽、通濟、三山等城門是根據臨戰要求而設計，集宋元以來城門的防衛設施於一體，且規模雄偉壯觀。城門各建三道甕城，甕城即城門外的月城，可掩護城門，用以增強城池的防禦力量。一般是側面開一門進出，這種建築形式在元大都已經使用。除甕城外，城門設有藏兵洞、登城馬道等。此後北遷的都城 —— 北京城的城牆，大致沿用了這種城門的形式，以至明清兩朝省縣級的城均設馬道。

刻有姓名的城磚

明朝動用南方二十八府、一百一十八縣燒製統一規格的瓷磚和土磚，供修城之用。為了保證工程質量，每塊磚上刻着負責製造的府縣、監製人和造磚人的姓名。

聚寶門的三道內甕城

南京城牆的甕城建築以聚寶門的規模最大，東西長約118米，南北長約128米。現存的甕城門高19米。

登城階梯，供守衛軍隊
登上城牆臨高作戰

斜坡式馬道，可讓四至六匹馬並行

聚寶門馬道

甕城東西兩側各設馬道，寬約12米，守軍可以直接騎馬登城，可見這城門完全是為實戰而設計的。

— 內甕城

— 登城梯道

城門門洞長52米，
敵軍要進入甕城，
必先經過巷戰

藏兵洞

— 城牆

聚寶門平面結構圖

正城門有鐵皮木門和一道用絞關啟動的千斤閘。閘門關閉後，城內固若金湯。守軍可站於城上以火炮、火槍和強弓對付敵軍。再加上三道內甕城，敵軍入城要層層突破，難上加難。

聚寶門主城牆內側的藏兵洞

上下兩層共十三個。另在內甕城的東西兩側各設七個，合共二十七個。藏兵洞用於儲存軍用物資和供守城部隊休息，臨戰時也是指揮部所在地。藏兵洞也用以屯兵，每洞容兵百餘，合計三千多人，可作為守城的後備軍力。

各自獨立和封閉的藏兵洞，當時應有木質防護門

城門

填湖建造的皇城

南京城雖然地理位置優越，但建設難度大，到洪武十九年（1386）歷時二十年才完成。皇城不是位於城市正中，而是偏於東南隅，建在填平的燕雀湖上。這個位置的選擇，固然有其地勢及安全因素的考慮，但南京自六朝不斷發展，中心區居民密集，商業繁榮，若要在城市中心建皇城，居民便需要大規模遷移，工程太大，也是一個重要因素。

雖然皇城不是居於城內中心，但總體佈局仍是傳統的中軸線形式，承天門、午門、前三殿、後宮等主體建築依次集中在中軸線上。午門左右為太廟和社稷壇，各部衙署則分佈在洪武門到承天門的左右兩側。其佈局沿用了傳統的"前朝後寢"形制。遷都後的北京城，就是參照這一佈局建築的。

但由於皇城是填湖而建，地勢不穩，不久就出現南高北低的傾斜狀況。朱元璋認為這是其經營天下數十年最不稱心的事。

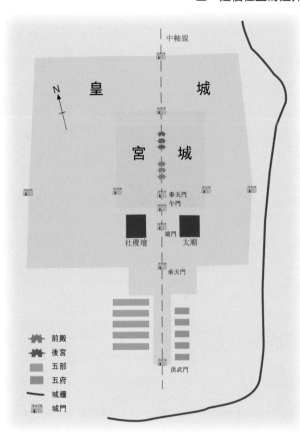

中軸線

皇　城

N

宮　城

奉天門
午門
社稷壇　端門　太廟
承天門

洪武門

前殿
後宮
五部
五府
城牆
城門

南京皇城佈局示意圖

南京皇城南北長2.5千米，東西寬2千米，其佈局成為北京城的藍本。遷都北京後，這裏的中央軍政機構仍然保留，並委派皇族和寵臣駐守。

南京皇城午朝門

即午門，是傳達聖旨的地方，也是對大臣施"廷杖"的地方。原有城樓已毀。

白釉瓷爵

明朝皇帝的日常所需皆設專門機構或作坊生產，按時供給。這是在南京皇城出土的瓷器。

象紋三彩琉璃建築磚

皇城的建築全用琉璃瓦蓋頂，尤其三大殿更講究富麗輝煌，多使用彩色琉璃瓦。明初朱元璋為此專門開設皇家琉璃窯場七十二處，建於中華門外。在此出土的象紋三彩琉璃磚，便是皇城的建築構件。

南京宮城建築石礎

設計者擔心填湖建造的皇城地基不夠穩固，因此，地基和柱礎多採用石料。

南京皇城遺址

明末清初，皇城幾經戰火之災，建築大多毀塌。地面僅存午朝門、東華門、西華門、內外五龍橋，以及碑刻、石礎、建築物件等遺物。

石柱礎

③ 泱泱北京城

北京是成祖朱棣的封地,有多年經營的根基,又有金元歷朝故都的基礎,加以成祖為貫徹"天子守邊"的政策,於是在即位後遷都北京。北京作為明朝都城的二百多年間,經過幾次大規模改建和擴建,城呈凸字形輪廓,由宮城(紫禁城)、皇城、內城和外城四重組成,城市佈局及建築充分體現了政治中心的特徵,惟我獨尊的帝王意識無處不在,成為帝國都城的典範。

突出皇權的中軸線

北京全城以一條南北長達7.5千米的中軸線為骨幹,城內所有重要的宮殿及皇家祭祀性建築都安排在這條中軸線上,構成京城的中心,以突出皇權的象徵。天安門(即承天門)及兩側的社稷壇、太廟,左祖右社,是宮城的傳統安排。太廟為皇家祖廟,是祭祀祖先的場所。社稷壇是皇帝祭祀社(土地神)稷(五穀之神)及祈禱豐年的場所。

承天門

北京宮城的設計者蒯祥,
官至工部左侍郎

內五龍橋

北京宮城圖
這是明早期所繪的北京皇城,依次把各城門及宮殿建築展示出來。

紫禁城內的內金水河

在紫禁城中，有河道12000米，供防衛、防火、排水用。呈玉帶形的內金水河從西向東流過，其上便是內金水橋，由五座漢白玉雕欄石橋組成，位於紫禁城的太和殿前。

完整的溝渠系統能有效滙集各處的地面水，排入金水河後流入護城河，使全城無積水之患

組成龍形的建築羣

近年地理學家利用先進的高空遙感技術，在北京的上空拍攝，意外發現天安門到鐘樓的建築，呈龍形狀。這正是中國帝王以真龍天子自居和中國龍文化的具體表現。

都城佈局層層設防

北京城的佈局，層層設防，堅固異常，歷朝罕見。明朝是火器的全盛時代，為了抵禦火器的強大破壞力，北京城的軍事防禦體系特別完備。城牆保護已有內外兩重，外城只建了南面的一小部分，上開七門，內城開九門，城門均建城樓、箭樓和甕城，城牆外是寬深的城濠。

內城是設防的重點，城牆堅固，改元朝的土砌為磚築，牆基厚19.5米，以巨大的條石為基，頂寬16米，高11.5米，這樣高厚的城牆是歷史上少見的，內城東南、西南兩個城角建角樓。城牆外有寬30米、深5米的護城河，城四周建馬面一百七十二座，加強防守。城牆跨水地段設水關，安裝可啟動的水柵。處處設防，勝過歷朝都城。

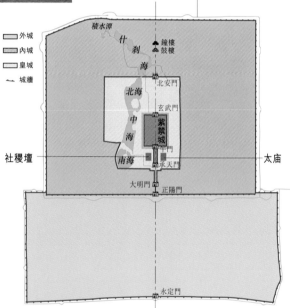

北京城的格局

皇城的龍形設計除太廟與社稷壇構成龍頭的雙目，鐘樓和鼓樓為龍尾外，還有一條由三海、什剎海組成的水龍，恰似二龍戲珠。

東南角樓

這是北京僅存的一個明朝角樓，高29米，平面呈曲尺形，凸出於城牆轉角處，開有箭窗，充分體現防禦性建築的特徵。

箭窗，即射孔

④ 格局規範的皇城與內外城

明朝北京城的內外城及皇城，體制上雖然追求漢唐京城的前朝後市、左祖右社的傳統形式，並且仍然保留里坊，但由於社會經濟的發展，已無法如隋唐時期般嚴格管理，除了晚上無法"淨街"以外，商業街和各種大街小巷的出現，實際已打破規整的里坊制度。

中心皇城

北京城的佈局以皇城為中心。皇城平面呈不規則的方形，東西2500米，南北2750米，位於全城南北中軸線上，四向開門，南面的正門是承天門，門前引伸成一處廣場。承天門南還有一座皇城的前門，明朝稱大明門（清朝稱大清門），上有對聯"日月光天德，山河壯帝居"，是成祖命解縉題寫的。再南即為京城正門正陽門。皇城內主要安排宮廷及政府各部門，建有太廟、社稷壇、西苑（北海及中南海）、萬歲山（景山），還有一些貴族、官員和商人的住宅。

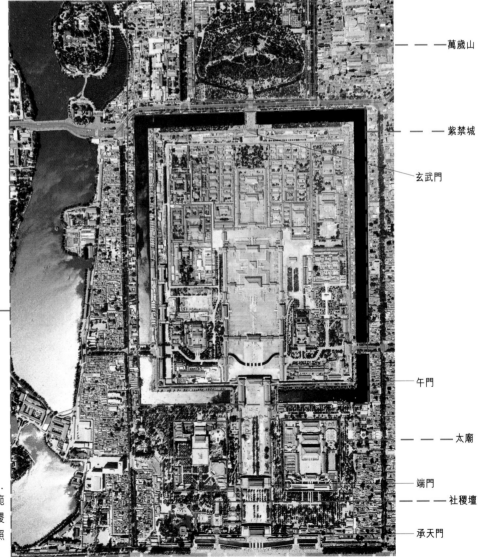

萬歲山

紫禁城

玄武門

西苑

午門

太廟

端門

社稷壇

承天門

皇城航拍照
皇城在北京城內城的中央，範圍包括紫禁城、太廟、社稷壇、西苑、萬歲山。此航拍照可見皇城的各主要部分。

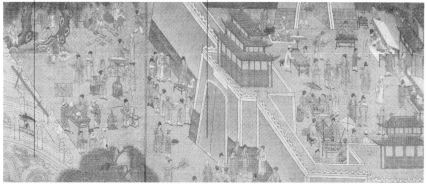

外五龍橋　　　　　　承天門，是皇城的入口

內城的大街小巷

明朝北京城的街巷大體沿用元大都的規劃系統。由於皇城位於城市中央，又有南北向的什剎海和西苑阻礙了東西交通，所以北京內城幹道以平行於中軸線的崇文門、宣武門內兩條南北大道為主，胡同分佈在主幹道兩側，形成方格網式結構。全城著名的大街三十多條，胡同一千多條。大街寬二十四步，小街寬十二步。

商業區與居民區

中國從春秋到隋唐時代，里坊制嚴格。宋朝以後，城市經濟發展，里坊制實際上已被取消，代之以商業街和街巷。北京的商業區相對集中在皇城四側，並形成四個商業中心：城北鼓樓一帶、城東東四牌樓一帶、城西西四牌樓一帶、城南正陽門外一帶。明朝將京城居住區分為三十七坊，住宅多為四合院。

《皇都積勝圖》之承天門外的商業區

《皇都積勝圖》繪於明朝中、晚期，重現了北京城的繁華面貌，包括正陽門、棋盤街、大明門、承天門、皇宮等範圍。圖中所見是承天門內外的商業活動，擺攤的小販成行成市，一片熱鬧。

防禦功能明確的外城

外城是嘉靖三十二年(1553)因蒙古貴族進攻而緊急修建的，因財力原因只修建了南部。其防禦目的明確。重要的城市設施都不在此，這裏主要是商業、手工業區。一般市民、商販多居於此。外城街道是由金朝發展起來的，大街小巷多呈斜向曲折，不如皇城規劃嚴整。

城樓

箭樓

正陽門城樓和箭樓

正陽門是北京城內城的正門，俗稱前門，由城樓和箭樓組成。城樓建於永樂十九年(1421)，高42米，下有高大城台。歇山式的屋頂，面闊七間，雄偉壯麗。箭樓建於正統四年(1439)，上有八十二個箭窗，原為甕城，但在1916年被拆除，已非原貌。

城門	別名和功用
正陽門	京城的正門，處於城市正中，取意"聖主當陽，日至中天，萬國瞻仰"。正陽門的城樓是最高大壯麗的。出殯隊伍嚴禁走正陽門。
朝陽門	由南方運抵北京的漕糧，必經朝陽門送到北京城內的糧倉。此外，皇帝死後出殯亦經此門。
東直門	又稱商門。平民百姓在此附近做買賣，皇帝從不涉足此門。
西直門	又稱水門。明帝在宮內的用水來自西郊玉泉山，所以每天需用騾車把水裝桶，在半夜通過西直門運進皇宮。
崇文門	南城之內多釀酒業，故進出此城門的主要是酒車。這裏又是稅門，設稅關，此處的稅吏是以暴斂而天下聞名。
德勝門、安定門	軍隊出征走德勝門，班師回朝則取道安定門，這是為了取意吉祥。
宣武門	又稱死門，死囚至菜市口刑場的必經之地。
平則門	又稱煤門或梅門，是京西產煤區運煤入京的進出之路。

北京城內城九門的不同功用

北京城共有城門二十座，即"裏九外七皇城四"。內城的九門進出習俗各不相同。

皇帝的工作區

紫禁城是明朝皇城內的宮殿,又稱為"大內",是皇帝辦公和居住的地方。

紫禁城的建設遵循歷朝以來的前朝後寢格局,把宮殿的前半部分作為處理政務、舉行朝會的殿堂。座落在紫禁城中軸線上的奉天、華蓋、謹身三大殿,以及左輔右弼的文華、武英殿是其中的主體建築。其中三大殿佔據了紫禁城中最主要的空間,面積達85000平方米,約佔紫禁城總面積的八分之一,以其宏偉的規模、威嚴的氣勢、堂皇的裝修和神秘的色彩,成為紫禁城中最突出的建築羣。

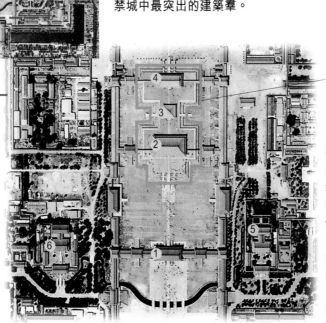

三殿殿基構成一個南向的"土"字

紫禁城內的皇帝工作區

三大殿是皇帝的主要工作區,位於紫禁城的中心部分,其殿基的"土"字設計,也是紫禁城設計的一個特點,反映了古代帝王"有土有民,為有天下"的觀念。

1 奉天門　　2 奉天殿

3 華蓋殿是為奉天殿正式活動作準備的地方,由於重要性較低,故此是三殿中最小的

4 謹身殿　　5 文華殿　　6 武英殿

奉天門全景

奉天門是三大殿的前引,是紫禁城中最雄偉的一座宮門。明朝皇帝有時在這裏受理臣奏,下詔頒令,稱為"御門聽政"。

謹身殿內景
‧‧‧‧‧‧

謹身殿
‧‧‧‧‧‧‧‧‧‧
謹身殿(嘉靖時期改稱建極殿,清朝改
稱保和殿),是皇帝宴請大臣的地方。

奉天殿
‧‧‧‧‧‧‧‧‧‧‧‧‧‧
奉天殿(清朝改稱太和殿)是明朝皇帝
舉行朝政大典的主要活動中心,皇帝
登極、賀壽、大婚、冊立皇后,都在
這裏舉行慶典。所以其建築特別莊嚴
高貴。

皇室的生活區

紫禁城的後半部分是皇帝及后妃的生活區,稱為"內廷"。內廷以三大殿之後的乾清門為分界線,宮門內的乾清宮、交泰殿、坤寧宮及御花園等是內廷的主體建築。內廷與外朝一樣,都是等級森嚴的,並且充分表現在建築物的主次分佈上。乾清宮、坤寧宮分別是皇帝、皇后的正寢宮,與作為帝后娛樂之所的交泰殿,都位於紫禁城的中軸線上,表示地位特別尊貴。在主建築的兩邊是地位較次的東西十二宮、東西十所,儼如兩翼,分別是嬪妃、皇子的起居處。

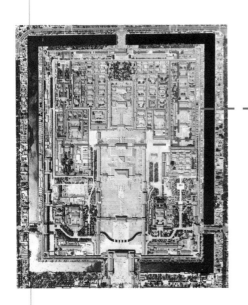

御花園的堆秀山

建於萬曆年間,是宮後苑最高的地方,登臨遠眺,視野廣闊;俯瞰則可盡覽紫禁城全景。上山可選擇外面的蹬道,也可走進石洞,拾級而上。小山是人工堆成,堆山匠師稱之為"堆秀式"。

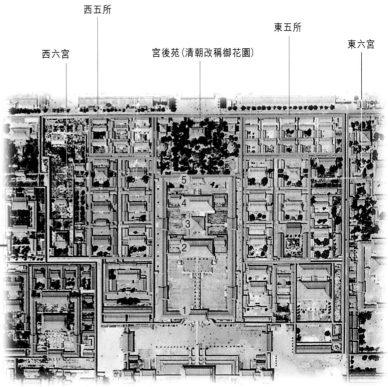

西五所

西六宮

東五所

宮後苑(清朝改稱御花園)

東六宮

紫禁城內的皇室生活區

乾清宮、交泰殿和坤寧宮是帝后的寢宮,同在紫禁城的中軸線上。東西十二宮是皇妃的宮室,東西十所則是皇子們的住處。

① 乾清門　② 乾清宮　③ 交泰殿　④ 坤寧宮　⑤ 坤寧門

坤寧宮

坤寧宮是皇后的正寢宮，規模略小於乾清宮，但體制相同，都是重簷大殿。根據傳統說法，乾清宮的"乾"代表天，坤寧宮的"坤"代表地。這兩個名稱，從南京到北京，一直沿用不改。

坤寧宮內景

交泰殿內景

帝后的寢宮原只有乾清宮和坤寧宮，至嘉靖年間才增建交泰殿，並稱"後三宮"。

乾清宮

乾清宮是明朝皇帝的正寢宮，其他妃嬪可以按照皇帝的召喚依次進御。後來皇帝也有時在此召見臣工。明朝著名的"紅丸案"、"移宮案"都是在這裏發生的。

精心規劃的皇都
⑤ 皇帝的祭祀大典

傳統中國皇朝很注重"祀"，就是祭祀，因為自古以來，祀與戎被定為國之大事。神權是皇權所依，是傳統帝王權力合法的依據，所以歷代帝王承襲傳統，都要告祭神祇，並且變成一種禮制。到了明朝，皇帝祭祀的程序越來越複雜，禮拜的對象多得驚人，而在紫禁城周圍設立眾多祭壇、廟宇。祭祀成為帝王日常生活的一部分。

祭壇的修建

從營建北京城開始，在明朝皇室居住的禁宮周邊，就建起形形色色的宗廟祭壇，每一處都有其特定的祭祀對象。壇廟的佈置講求對稱：天壇在南，地壇在北；日壇在東，月壇在西。拜祭先農神的先農壇在南，而先蠶壇在北；祭祀社神和稷神的社稷壇，與皇帝祭祖的太廟(祖廟)隔路相對。

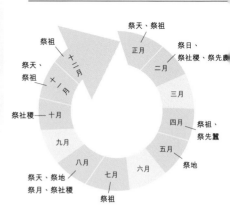

皇帝的祭祀行事曆

最重要的祭天儀式

明朝皇室祭祀活動十分繁複，全年大大小小的祭祀共有四十餘次之多。祭祀儀式是極為莊嚴而樸素的。所有祭祀中最重要的是祭天儀式。根據萬曆年間(1573～1620)神宗一次祭天記載，儀式舉行前三天，皇帝要齋戒；前一天要在宮中默告祖宗、面稟太后，還要親筆表文向上天稱臣，送到天壇。祭祀當天，皇帝要與文武百官穿上鑲黑邊的藍色布袍，步行至天壇，在同心圓最下的一層石階跪下祈禱，上香後再向上天叩頭四次，儀式結束後要步行回宮。隨行的官員須全程保持端莊，不能失儀。曾有一名官員在祭祀隊伍解散後受不了炎熱的天氣，拿出扇子消暑，事後被罰俸半年，可見明朝祭天儀式的莊嚴。

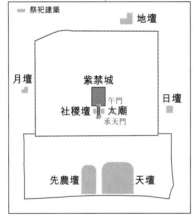

北京城內外的重要祭祀建築
祭祀建築中，先蠶壇的確實位置，現已無可考究。

社稷壇
社稷壇是明朝皇帝每年春秋祭祀太社(土地神)和太稷(五穀神)的地方。方形祭壇上覆青、白、紅、黑、黃五色土，代表東西南北中五個方位。壇的中央原有方形石柱，名為"柱主石"或"江山石"，以表示江山永固。

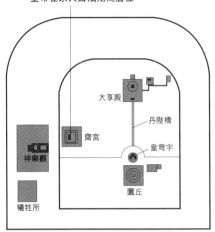

皇帝在祭天齋戒期間居住

大享殿

丹陛橋

齋宮

神樂觀

皇穹宇

圜丘

犧牲所

天壇平面圖

天壇是祭天祈穀之處，北面圓形，南面方形，象徵天圓地方。面積約270萬平方米，是紫禁城的四倍，可見地位重要，這也是中國現存最大的祭祀性建築羣。

圜丘

在天壇內的南部，又名圜丘壇、祭天台。圜丘中間的一個三層漢白玉石頭台，是真正的天壇，即祭天的壇台，圓形是取天圓地方的意思。三是吉數，天壇建築以這個陽數來象徵天。而壇面、台階、欄杆所用的石塊數目也是三的倍數。

大享殿

位於天壇的北部，是皇帝祈禱五穀豐登的殿堂。原稱"大祀殿"，建築的頂部是平的，到了嘉靖年間，為配合天圓之說，改作尖式屋頂，並改名為"大享殿"。今名"祈年殿"是清乾隆時改的。

⑥ 皇室人員的遊園

與私家園林的近距離觀賞要求不同，皇家園林要凸顯王者氣派，追求場面宏大、景觀豐富、功能齊全，達到既可玩賞、又可作為理政場所之目的。明朝北京皇家園林的開發規模遠不如清朝，除皇宮後部的御花園外，主要是位於皇城內的西苑，即著名的"三海"。此外，還有紫禁城東華門外的南城、永定門外的南海子等。

開發"三海"

永樂年間（1403～1424）建設北京宮殿時，在元朝太液池（其範圍大體是現在的北海、中海）的基礎上又開鑿南海，並在湖區增建許多園林建築，形成今日北海、中海、南海的基本格局。三海臨近宮殿區，與宮殿的威嚴形成鮮明的對比。其狹長而富於變化的水面，佈局自然舒朗，景色優美宜人。

"三海"的美景

現今猶存的三海，在明朝統稱太液池。金鰲玉蝀橋跨太液池東西，是往來的主要道路。橋東為承光殿。承光殿建在太液池中圓坻上，高高聳立，重簷圓頂蓋，圓檯址，以磚砌如城，又稱圓殿。世宗常在圓殿齋居。神宗在金鰲玉蝀橋放河燈，圓殿則是觀燈的地方。

今中南海的紫光閣是明朝所建，每年端午節，皇帝鬥龍舟於紫光閣前，並觀看御馬監勇士跑馬，思宗還常在紫光閣召對閣臣。

歲月湮沒的皇家園林

與現今的三海相比，同是昔日皇家園林的南城及南海子，卻經不起歲月滄桑。

南城在紫禁城外東南，是皇家的東園，歷任皇帝經常到此作樂。成祖經常來這裏觀看射鴿。宣宗在這裏建了一組小橋流水竹籬笆式的建築，常來此彈琴讀書。英宗於土木堡之役被俘，放回後即被禁錮在南城八年，復辟後還是喜歡這裏的幽靜。武宗時這裏的金魚很多，每天蒸餅餵魚，需用麵粉20斤。

南海子在北京城南10千米處，成祖在這裏修城垣60千米，放養獐、鹿、雉、兔等。此外，南海子有水泉一百多處。皇帝經常以講武為名在此打獵。但在明晚期已經荒廢，現此地已成為機場。

皇家園林的位置

三海是明清兩朝位於在皇城範圍內最重要、而至今仍保存完好的皇家園林。南城及南海子則已無存。

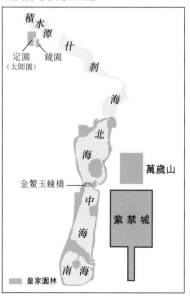

什剎海景色

什剎海又稱後三海，包括什剎海前海、
什剎海後海以及積水潭(亦稱西海)，是消
暑勝地。

北海

北海早在遼、金朝已是皇帝的行宮。這片皇家園林佔地68公頃，水面佔39公頃。明中期
增建了不少殿宇，但圖中所見的靜心齋則建於清朝。

中南海春藕齋

春藕齋是中南海豐澤園內的主體建築，"藕"同"耦"，是春天兩人並排耕田之意。明清兩代的皇帝，每年都要在豐澤園內農耕養蠶，以
示勸課農桑，春藕齋是皇帝行演耕禮時的休息之所。現存建築是清朝時在明朝建築基礎上重建的。

① 後宮生活的秘密

皇帝的後宮生活充滿神秘色彩，細節鮮為人知。實際上，皇帝與普通人一樣有喜怒哀樂、七情六慾，也有生老病死。只不過皇帝的生活細節較多規範，甚至是宮廷禮儀的一部分，一切生活起居都有專人侍候，有一個龐大的機構專門為之打點。在明朝，專職照顧皇帝以及后妃生活的機構最主要有宦官二十四衙門和外廷的光祿寺。

皇帝飲食專人辦理

光祿寺每年有二十四萬兩白銀用於宮廷飲食，但往往還不夠用。萬曆年間（1573～1620），宮廷廚子達四千一百名，可以想見開支的龐大。

明朝晚期，皇帝的飲食改由宦官備辦，因為宦官更了解皇帝的口味。在沒有宴會時，皇帝一般是獨自進餐，后妃大多數時候不同皇帝一起吃飯。每日三膳，午飯與晚飯水陸畢陳，十分豐盛。大部分食物，皇帝都不會動用，餐後賜給喜歡的妃嬪、宮人和宦官等。皇帝晚宴時，用歌舞女優數十人，然後宣召"此夕本宮承御"，或妃或貴人等乘步輦而來，行四叩禮後賜坐侍宴。

宮中有御酒監專門為皇帝釀酒，所製"竹葉青"、"滿殿香"、"內法酒"等，品嘗過的朝臣都說"色味冠絕"。

生活就是禮儀

皇帝的衣食住行被歸入宮廷禮儀的範圍內，有非常具體的規定。以車輦為例，皇帝專用者有大輅、玉輅、大馬輦、小馬輦、步輦、大涼步輦、板輦、耕根車等，為皇帝在不同場合所乘。大輅是最高規格的車輿，由兩隻大象挽駕，其尺寸、裝飾等都有嚴格細致的規定。實際上這些追求商周古制的車輿僅為美觀而已，皇帝出行，只乘步輦，即人抬的轎子。此外，就算小如為皇帝梳頭，也有二十個太監專司其事，稱"整容"。"整容"也極其隆重，太監們要提前一天練習儀規。

《憲宗調禽圖》

皇帝要遵守宮中嚴格的禮儀，不能隨便離開紫禁城。這幅畫表現穿常服的憲宗在御花園中賞鳥取樂，一太監捧鳥站立侍候的情景。

《憲宗元宵行樂圖卷》局部

憲宗是明朝第八位皇帝，在位二十三年(1465~1487)。此畫描繪了正月十五日皇宮慶賞元宵的遊玩情景，各人服飾及進行的活動均仿效民間習慣。

皇帝的嗜好

每個皇帝都有自己的喜好，有些是一般人想像不到的。據記載，宣宗好蟋蟀及鬥雞走馬，武宗好遊玩酗酒，世宗好煉丹。熹宗擅長木工，他雕刻的八幅屏，在盈尺天地中刻出花鳥蟲魚、人物走獸，讓太監拿出去賣，要價一萬兩，太監為討他歡心，還真拿回萬兩白銀。此外，行服用丹藥的房中術是明朝皇帝的通病，所以明朝皇帝多縱慾而短壽。

豹房是武宗在太液池(今中南海、北海)畔興建的宮殿園囿，專門飼養虎、豹等猛獸，以供武宗狩獵遊樂。為保衛武宗安全，豹房設有專門的護衛稱"養豹官軍勇士"，這面銅牌就是當時豹房勇士的通行證件。

豹房勇士銅牌背面

豹房勇士銅牌正面

金錢形的透氣孔

明朝瓷蟋蟀罐

明朝製造的蟋蟀罐，在宣德、隆慶、萬曆三朝尤其多見，這與皇帝的嗜好有關。

皇室生活

② 寂寞深宮裏的后妃

明朝皇帝的后妃很多，皇帝的正妻是皇后，皇后之下的庶妻封號眾多，與歷朝有同有異。明朝皇帝中冊封后妃最多的是世宗，見於記載的就有三十多位妃、二十多位嬪。后妃們雖然享有榮華富貴，但平時不能省親、年老不得放歸，在新皇帝即位後，前朝宮嬪都要到養老的安樂堂等處居住。英宗以前，皇帝死後，宮人甚至要殉葬。一入皇宮深似海，后妃大多過着寂寞封閉的生活。

來自民間的后妃

明朝的后妃都是民間女子，採選的標準極為嚴格，中選者"皇太后幕以青紗帕，取金玉跳脫繫其臂"；不中者，將候選時的年月帖子放在其袖中，給銀幣送還。落選者身價倍增，富家爭聘。

等級森嚴

后妃的等級中，皇后最高，皇貴妃次之，其下又有貴妃、妃、嬪等，妃的位號多為賢、淑、莊、敬、慧、順等。后妃之下，也間有婕妤、昭儀、貴人、美人等。后妃的地位不同，待遇亦有分別。例如皇后在正式場合戴鳳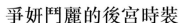冠，嬪妃跟隨皇帝祭祀朝會也戴鳳冠，但形制與皇后略有不同，主要是去掉冠上的金龍，代以九隻翠鳥，以示等級。后妃的車轎有專門的規制，皇后為輅車，皇妃和公主用鳳轎。

爭妍鬥麗的後宮時裝

后妃的生活是以皇帝為中心的，她們一心一意要得到皇帝的寵愛，在服裝方面除了根據時令變化和時尚潮流外，自然亦受皇帝好惡的影響。例如思宗的袁貴妃服"淺碧綾"立於月下，思宗誇讚"此特雅倩"；而周皇后以白衣為衫，亦得到思宗的讚賞，稱其為"白衣大士"。

此外，宮中女裝也是緊跟"時樣"，思宗的周皇后、田貴妃好穿江南服飾，並戲稱"蘇樣"，宮中人紛紛仿效。

紅羅長裙，是皇后的常服

水陸畫中的后妃宮嬪侍女
各人的衣飾描繪細致，最前的應是皇后，氣度雍容華貴，後面是妃嬪及侍女。水陸畫是舉行佛教法會時懸掛的條幅式繪畫，內容也包括各種人物形象。

綠地瓜果紋夾纈單袱

這應是一塊包頭巾，在綠綢地上有瓜果圖案，估計是夏天時用。夾纈法是用兩塊雕出相同圖案的鏤空紋紙版，把布料對折夾持其中，染色後圖案便是對稱的。

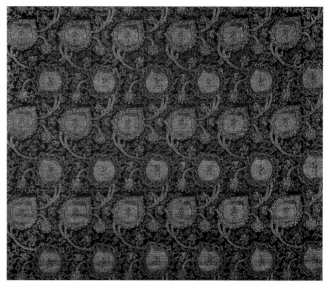

胡桃紋緞

因應時令變化，宮中后妃會換穿不同質料的服裝。此外，又吸收民間風俗，加飾象徵時令的應景花紋。元宵節時的衣服有燈籠紋樣；端午節時則會穿飾有"五毒"（蠍子、蜈蚣、蛇、蜂、蛙）及艾虎補子的蟒衣；每逢中秋佳節，玉兔紋樣最為常見；重陽時，則是菊花紋衣服的天下。

剔彩雙龍長方盒

這是萬曆時期的宮廷作坊製品，雕刻精細。龍紋是宮廷器物的常見圖案，四邊雕纏枝花卉。

珊瑚、貝殼鑲嵌而成的花卉

紫檀百寶嵌長方盒

這應是妃嬪的飾物盒。每層沿銜接處用銀絲鑲嵌迴紋邊，盒上五彩紛呈的圖案均是原料的全天然色澤。

皇室生活
③ 皇室的左右手

歷朝皇室都大量使用宦官(即太監)、宮女為其服務,衣食住行等龐雜事務都由他們打點。成祖以後,宦官和宮女主要由二十四衙門管理。後來,職事越分越多,到明朝末年宦官發展到十萬人,宮女最多時也有九千人。宦官和宮女雖然屬於宮中的下人,但因侍候在皇帝身邊,得以參與政務,明中期後出現的宦官侵奪政權、控制朝政的局面,就是這個緣故。

宦官的挑選和待遇

宦官入宮的年齡一般是十至十二歲,明初對宦官的選擇很嚴,對象是官宦人家的子弟,另一個來源是戰爭中被收入宮的交趾(今越南)籍少年。明朝中期開始有年齡較大者入宮,如王振、魏忠賢等。洪武年間(1368~1398),為防止宦官干政,規定其不得識字,但後來皇帝需要宦官協助處理文書事務,又設立內書堂專門教宦官讀書。明初規定,宦官俸祿每月米一石,大太監可達三五百石。

南北兩京選秀女

明朝宮女主要是從民間挑選的,一般選擇十三至二十歲的未婚女子。嘉靖年間(1522~1566),世宗迷戀丹藥,為滿足其特殊需要,選八至十四歲的女童三百人入宮。一經入選,蠲免其家徭役。但入選者有入無出,寂寞一生。明朝選秀女多在南北兩京附近進行,明中葉後則多在北京附近進行。選秀女時,往往在民間造成混亂,故民間視入宮為畏途。隆慶二年(1568)一次訛傳選秀女,民間十三歲以上的女子,無不婚配,惟求得婿,不暇擇人,甚至有人在門前等着,見有男童經過,強拉入門,以女婚配。因害怕官府禁止,常於黑夜偷偷舉行婚禮。

太監與宮女是模擬夫妻

宦官與宮女理論上只是為皇室人員服務的下人,但掌權的大宦官在皇宮外有豪宅,更與宮女結成"對食"關係,同居一室,如同夫妻。宦官為方便進宮,其宮外的住宅往往距離皇宮不遠,例如魏忠賢與情婦客氏(熹宗的乳母)比鄰而居,位於今北京正義路以西席市街。無權勢的宦官多集中居住在宮中永巷,即今玄武門附近。"對食"是宮廷中公開的秘密,皇帝也見怪不怪。

執衣的宮女

隨侍妃嬪的宮女和太監
宮女是侍候皇室成員起居的人員,其服裝明顯較各后妃樸素。

長隨奉御出入宮禁牙牌

明朝在宮中的宦官組織極其龐大，內宮十一監所設的長隨奉御，官階正六品。牙牌是出入宮禁的通行證。此牌用象牙刻製，繫於腰間，備出入宮禁檢查。

錦衣衛木印

錦衣衛成立於明初，原為宮廷儀仗隊，後發展成內廷侍衛偵察機關，與東廠、西廠等特務機構並稱"廠衛"，直接聽命於皇帝。明朝宦官的弟侄等人蔭襲錦衣衛官的很多，成為皇帝耳目。這封木製印信是成化十四年 (1478) 由大理寺、都察院、刑部 (即三法司) 會同刻製的，印文是"錦衣衛印"。

《憲宗調禽圖》中的小太監

這位在宮廷畫師筆下的小太監，童稚未脫，或只有十來歲之齡，但他的一生便注定要在宮中渡過。若只能當個低級宦官，生活是非常窮苦的，曾有一個低級宦官的隨葬品只有一個銅盤。由於宦官曾遭閹割，往往大小便失禁，需要常常洗浴。

精美的首飾盤

紗帽

大紅描金雲紋錦圓領長袍

《明人宮裝圖》中的太監

圖中的太監正在侍候妃嬪整妝，故手持首飾盤侍立。從其服飾可見他應是等級較高的太監。

顯赫的太監家廟 —— 智化寺

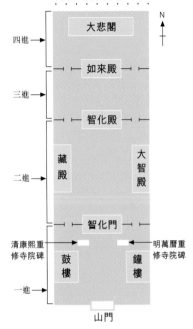

智化寺佈局示意圖

- 四進 → 大悲閣
- 三進 → 如來殿
- 三進 → 智化殿
- 二進 → 藏殿 / 大智殿
- 二進 → 智化門
- 清康熙重修寺院碑 → 鼓樓
- 明萬曆重修寺院碑 → 鐘樓
- 一進 → 山門

N

王振(？～1449)，山西蔚州(今河北蔚縣)人，永樂年間入宮為宦官，宣宗時成為皇太子(即後來的英宗)的教師，英宗即位後，稱他為"先生"，極獲恩寵，又命其執掌司禮監。司禮監有替皇帝朱批奏摺和擬寫聖旨的權力，王振勢力得以漸大，是明朝宦官控制朝中大權的開端。

王振專權期間，廣收賄賂，大興土木，為自己建造宅院。智化寺就是王振於正統八年(1443)在紫禁城外東部達官顯貴聚居之地興建的家廟，獲英宗賜名"報恩智化寺"。正統十四年(1449)，蒙古瓦剌部首領也先率部南下，王振欲立邊功而慫恿英宗倉卒出征，結果明軍在土木堡大敗，英宗被俘，王振也死於亂軍之中。

王振死後，家廟一度衰落，英宗復辟後，於天順元年(1457)在智化寺內建立"旌忠祠"，供奉王振塑像，可見王振在當時的顯赫地位。

藏殿

這是寺內的西配殿。天順六年(1462)，由英宗頒賜的一部《大藏經》便是陳放於殿中特製的經櫥內，至今保存完好。

經櫥局部

每個小櫥外的標籤，是《大藏經》的分類標誌，方便查找。

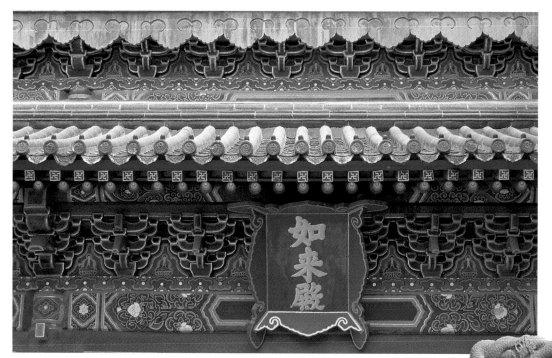

如來殿

如來殿內供奉如來佛。屋頂用黑色琉璃瓦鋪砌，格外莊嚴，這也是明朝太監所能享用的最高等級。雖然經過歷代修葺，但樑架、斗栱、彩畫仍然保持明朝早期的特色。

智化寺山門

英宗賜名"報恩智化寺"，寺中的王振祠堂在清朝被毀，但寺名保存至今。

明敕建智化寺碑

碑文中記載英宗敕建智化寺的過程和寺院興衰的歷史。

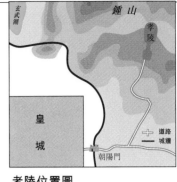

① 開國皇帝的墓葬 —— 孝陵

孝陵位置圖

明太祖在南京建國，同時也選擇了南京作為他死後的安息之所。孝陵是經過數十年時間建築而成的，其設計規劃的革新 —— 墓丘由歷朝的方形改為圓形，提高地面建築的規格，首創宮殿式的陵園佈局，在中國帝陵建築史上具有重要意義，成為明十三陵的範本。後代皇帝定期祭陵的制度也是在這時確立的。

孝陵守衛森嚴

孝陵是太祖和皇后馬氏的陵墓。位於今江蘇南京鍾山南麓獨龍阜玩珠峯下，始建於洪武十四年(1381)。次年第一期工程完成後，馬皇后去世，即入葬孝陵。太祖死後(1398)葬此，地宮正式啟用，但孝陵的建設，延續了約三十年之久。

孝陵規模極大，周長達22.5千米，相當於南京城的三分之二。四周建有圍牆，內植松樹十萬株，養鹿千頭。鹿項掛"盜宰者抵死"的銀牌。為保衛孝陵，內設神宮監，外設孝陵衛，有五千到一萬名官兵日夜守衛。

帝陵制度的重大革新

陵區由前、後兩部分組成，前半部佈局依山勢迂迴曲折。後半部是陵園的主體，分三進院落，嚴格對稱，依次佈置陵園門、享殿、明樓及寶城。秦漢以來，皇帝陵墓都以方形為貴，墓丘呈覆斗式，太祖卻改變了歷來的形制，把陵墓造成圓形，稱為寶頂。此外，孝陵又取消了宮人留居陵寢侍奉的做法，着力突出後代皇帝定期祭陵的儀式，並為此提高地面建築的規格，擴大了地上享殿的規模。孝陵還首創宮殿式的陵園佈局，仿宮殿前朝後寢形式，創造了以方城明樓為主體、享殿為先導的宮殿式陵園形制。

四方城

原為碑亭，亭頂已毀，現存門洞及四周圍牆，內藏刻有二千七百多字的大碑一塊，為成祖所立，敘述太祖一生的功德。

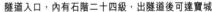

隧道入口，內有石階二十四級，出隧道後可達寶城

明樓

明樓又稱方城，是孝陵的最後一組建築，磚砌四壁尚存。明樓後便是寶城，即一個約400米直徑的圓丘，上植松柏，下為太祖和馬皇后的墓穴。

神道石翁仲

孝陵對傳統石像生的數量及形象進行了改革，增加了高大威猛的動物，以體現帝王的威嚴。孝陵神道兩側由東向西，依次排列十二對神獸：獅子、獬豸、橐駝、麒麟、象、馬，每種四隻，兩蹲兩立，兩兩對稱。

文臣武將石像

文臣武將石像是石翁仲的一種。他們分四組對立，兩對身披甲胄，手執金吾，是高4米多的武將；另外兩對為頭戴朝冠、手捧朝笏的文臣，形象寫實。翁仲全是用整塊石料雕成，是明初石刻藝術的代表作。

華表

石像盡頭是一對漢白玉雕雲紋望柱，稱"華表"，是陵墓前的標誌性和裝飾性石柱。這傳統可追溯至古代用以表示王者納諫及指示道路的木柱。

皇帝的天國
② 十三任明帝的歸宿

成祖遷都北京後，即派官員帶着風水先生在北京附近到處尋找風水寶地，經過兩年反復勘查和比較，永樂七年（1409），成祖親自確定這裏將是明朝皇帝的歸宿之地。從成祖到思宗，除死前已被推翻的代宗外，其他十三位皇帝和皇后都葬在這裏。令人驚訝的是，由明初到英宗朝，仍有嬪妃殉葬的規定。

十三陵的地理位置

明朝十三陵位於今北京昌平縣以北10千米的天壽山南麓，陵區周圍20千米，建有陵寢邊牆，現存12千米，有十個出入口。明廷在這裏設口駐軍，既為護陵，亦可拱衛京師。陵園南面面向京師，南起昌平西門外，北達長陵，有一條蜿蜒起伏的大道，稱"神道"，後世帝后謁陵、百官祭祀都從這裏經過。

建陵工程浩大

皇帝登基後，即開始選址建陵，工程一般要持續幾年。所耗的人力物力不可估量，例如仁宗建獻陵，在已有的一萬人外，又從南京調來兵士工匠十一萬八千人、運糧軍五萬人及民夫五萬人，總人數粗略估計達二十三萬。十三陵所用的磚，每塊有2.5公斤，由各府縣貢納，明晚期統一由山東臨清燒造，上有"壽工"字樣。修陵使用的木材及石材量也極浩大。

后妃的陪葬制度

皇帝妃嬪的墓葬也有幾種情況，除皇后隨葬帝陵外，少數得寵的妃嬪亦可以從葬於帝陵附近，例如憲宗的萬貴妃和神宗的鄭貴妃，均是生前顯赫一時，死後也得到皇帝的特殊禮遇。其餘大部分妃嬪均與王子公主一樣，埋葬在金山陵，從已發掘的墓葬看，明朝妃嬪是多人一墓。

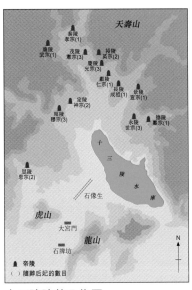

十三陵陵墓分佈圖

天壽山環繞在陵區的西、北、東三面，龍山虎山對峙於陵區入口。經過術士的種種比附、論證，可稱"吉壤"。

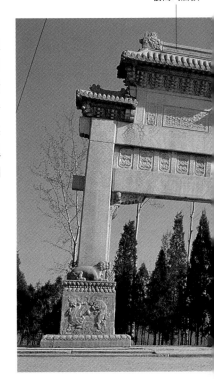

樓閣式簷頂

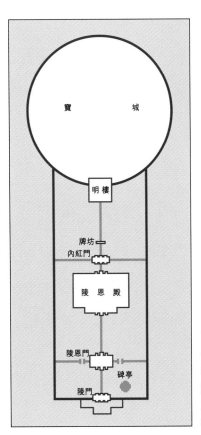

長陵建築平面圖

長陵是成祖及皇后的陵墓，是十三陵中規模最大、建成最早的一座，其建築形式成為其他皇陵的範本。長陵由三進院落組成，地宮墓室位於方城明樓後面的寶城之下。

山陵　　享殿　　　　　主殿已毀，只餘下台基的階級

殘酷的後宮殉葬

從太祖起，到英宗廢止前，各帝都以年青貌美的妃嬪及宮女殉葬。根據記載，成祖殉葬妃子十六人，宣宗十人，就連生前已被推翻的代宗亦有十人殉葬。殉葬之日，各人先被安排在庭前用酒食，然後登堂自縊，待殉葬者頭納繩中，即拿走她們腳下的小床。這與集體屠殺無異，為文明時代所罕見，據稱是延續元朝的做法。殉葬的宮妃被集體埋葬在皇帝陵外，成祖長陵的東西二井，一說就是埋葬殉葬者的地方。"井"，是指墓葬沒有墓道，直接下葬，像井一樣。殉葬者的墓都沒有命名，廢除宮人殉葬制後，妃墓才有名字。

永陵享殿及山陵形勢

永陵是世宗的陵墓，與長陵一樣由三進院落組成。這是從陵墓入口遙望享殿之景，可見享殿的方城明樓仍保存完好，其規模更位列十三陵之首。後面的高山之下為世宗墓葬所在。

十三陵石牌坊

在十三陵總神路的最南端，是整個陵區的入口，在嘉靖十九年 (1540) 始建，這座五門六柱十一樓的漢白玉牌坊，高14米，寬28.86米，是中國現存最高最大的石牌坊，造型美觀。

麒麟立體雕塑

雲龍浮雕

石牌坊基座雕刻

在石柱基座上的雕刻，非常精美。

愛財皇帝的金窟

定陵位於十三陵陵園西部大峪山下，是神宗與孝端、孝靖皇后的墓葬。神宗朱翊鈞（1563～1620）是明朝第十三任皇帝，年號萬曆，在位四十八年。

孝端皇后是神宗的元配，孝靖皇后原只是皇貴妃，因為兒子光宗繼位，升格為皇太后，得以遷葬帝陵。

定陵經歷六年時間，花費八百萬兩銀建成，相當於萬曆年間全國兩年的賦稅收入。除了建造費用驚人外，出土的陪葬品更是極盡奢華，令世人矚目，帝后的冠帶佩飾一應俱全，其中鑲滿珠寶玉石的鳳冠便有四件，金銀玉器絲織品計有逾千之數。

地宮的正殿，停放帝后棺槨

左 配 殿

後 殿

中 殿　前 殿　隧道

右 配 殿

放置帝后的石寶座及供奉物品

定陵地宮平面圖

地宮是放置帝王棺槨的墓室，位於深27米的地下，全長88米，總面積達1195平方米。發掘人員在定陵的明樓東南面見到一個小缺口，經此進入隧道，並鑿開隧道盡處的磚牆後，地宮及其內藏的三千件隨葬精品才得以展現世人眼前。

仿烏紗折角向上，形如雙翼

雙龍戲珠

犀角圖案

神宗的金翼善冠

以金絲編成的冠帽孔眼勻稱，製作非常精細。冠帽是皇帝在日常場合穿戴，以舒適實用為原則。

金線刺繡的雙龍戲珠圖案

孝靖皇后的羅地彩繡百子女夾衣

孝靖皇后的羅地短襖，圖案繽紛熱鬧。尤其是用彩線繡上的百子圖，有多福多壽的寓意。上百個體態肥胖、生動活潑的童子在遊戲，組成四十餘個畫面：有的跳繩、有的捉迷藏、有的放爆竹等，維妙維肖，反映宮廷刺繡的高超技藝和特色。

翠鳳

口銜珠寶串的金龍

金托嵌寶革帶

這條在神宗棺內出土的革帶，珠光寶氣，鑲嵌手工精美，以兩條素緞包裹皮革，上飾鑲嵌有珠寶玉石的圖案二十塊，左右對稱，構思巧妙。

如意圖案

浮雕龍紋圖案

寶珠圖案

孝端皇后的嵌珠寶鳳冠

鳳冠是皇后在受冊、謁廟、朝會時所戴的禮帽。這六龍三鳳后冠屬於孝端皇后王氏，她是神宗的元配。全冠鑲滿珍珠五千餘顆，紅藍寶石一百餘塊，極為華貴。

① 以皇帝為中心的政治體系

明太祖的天下得來不易，惟恐有失，於是一邊誅功臣，用重典，提高皇帝威望，一邊改革歷朝官制，廢除中書省和丞相制，加強皇帝權力。在這種君權重、臣權輕的情況下，皇帝需要處理的具體事宜更多。為保證行政機制的有效運作，太祖創立了內閣制度，並為後代皇帝立下嚴格具體的治國規範。

朱元璋像

每日三次聽政

以往的皇帝每日上朝一次，太祖首開一日三朝的制度。皇帝上朝分常朝與大朝，常朝處理一般政務，大朝是年節時的禮儀性朝會。常朝每日早、午、晚舉行，百官先集於午門，等待皇帝宣召上朝，依次奏事。然後，皇帝便乘輦往武英殿或文華殿閱章疏。

太祖勤謹理政，繁忙時，一天要看二百件奏疏，處理四百件政事。但後繼的皇帝已不能堅持每日三朝，其中神宗更有近四十年不上朝、不召見大臣的紀錄。於是太祖每事親力親為的理政模式，徒成一種形式。在廢除丞相制後，一些行政級別較低的文人被皇帝留在身邊，充當參謀，起草詔令，成為皇帝的秘書處 —— 內閣*。羣臣的章奏，先由內閣票擬*，草擬處理意見，皇帝審定後，一般親批數本，其餘由司禮監太監按皇帝的意見用紅筆寫出，稱"批紅"，這也導致司禮監有機會掌握處理朝政的大權。

水陸畫中的帝王太子王子

朱漆戧金雲龍紋譜系匣

這是用來盛放皇室宗譜的木匣。正中楷書《大明譜系》，左右各有一龍，髹上朱漆，御用特色明顯。

—— 細勾戧金紋飾

石刻文官像

笏板最初是扁長形的，把預備向皇帝面奏的事情寫在上面，後來演變為長條形，品官在面聖時執之於手，以現恭敬的姿態。笏板有以玉及竹木製成，視官階而定。

獨攬政權的政制改革

太祖先後誅殺了文臣武將四萬五千人，功臣宿將盡除，皇權空前加強。最重要的是，他廢除了二千年以來的丞相輔佐皇帝的政體，大權獨攬。六部尚書直接歸皇帝領導。明朝對官僚體系的另一改革是擴充檢察機構，設都察院及十三道監察御史、六科給事中，因其可以直接向皇帝上書進言，專職監督百官，故雖品秩不高，但權力很大。而地方官員的權限較小。

此外，皇帝對待大臣也十分嚴苛，除了官員待遇普遍低下外，更動輒對大臣施以"廷杖"。廷杖，就是在朝廷之上行杖打人，始於元朝，明朝繼承，行刑地點在午門外，官員若違背皇帝的意願便有可能被處以廷杖之刑，受罰者的尊嚴因此掃地。

午門
. . . .
廷杖在午門前的御路東側執行，過程是受杖者繩縛兩腕，囚服逮至午門外杖所，列校百人手持木棒林立，由司禮監監刑。據說行刑者看司禮監監刑者的腳尖，向內，囚犯必死無疑；向外，或可有生路。

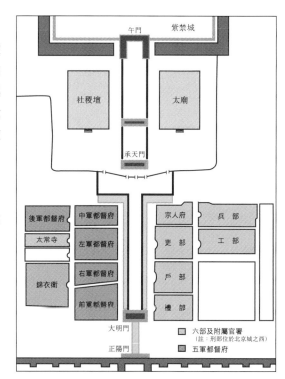

北京主要中央機構分佈圖
. . . .
從北京城內城的正陽門進入，便是各大衙署所在。明朝除了在北京設中央機構，遷都後同時在南京保留了一套完整的中央機構，不同的是南京各機構除正官外不設副官。

＊內閣： 成祖即位後，從翰林院官員中選數人在文淵閣當值，參與機密重務。因文淵閣在午門內以東、文華殿之南，地處內廷，這些人又常侍皇帝於殿閣之下，故稱內閣。

＊票擬： 官員呈皇帝的奏摺先由內閣大學士進行審閱，大學士以紙條形式就問題提出建議或對策，稱為票擬。

小辭典

② 帝后服飾儀式化

明朝服飾以氣度宏大、端莊華美見稱，帝后服飾就是這方面的突出代表。明朝服飾有意識地恢復因元朝統治而中斷一百多年的漢族傳統，把唐宋襆頭、圓領袍衫、玉帶、皂靴加以繼承，形成明朝官服的基本特徵。現在中國傳統戲曲服裝的款式紋彩，就是取自明朝服飾。

最高等級的服飾與十二章

冕是皇帝最高級別的服制，與之配套的是袞服。明朝的袞冕形制承襲古制，與歷朝由陰陽五行決定本朝服飾的主色一樣，明朝服色尚赤。規定正旦、冬至、聖節(皇帝生日)、祭社稷、先農、冊拜等大典穿袞服。定陵出土一件神宗的緙絲十二章袞服，其上紋飾可為帝王服飾的代表。皇帝的禮服還有皮弁服，也是視朝、四夷朝貢、祭祀等正式場合穿用的。另外，還有武弁服，是親征遣將時穿着的。皇帝的常服"龍袍"，亦很講究，以黃色綾羅製成，繡龍紋、翟紋及十二章等，頭戴烏紗折上巾，這種巾與烏紗帽相同，只是將左右兩角折到帽後，定陵出土的金冠就是這種式樣。

皇后冠服

與皇帝相比，皇后的冠服要簡單得多，主要有兩種，一是禮服，一是常服。禮服由鳳冠、霞帔、翟衣、背子及大繡衫等組成。禮服中最突出的是鳳冠，九龍四鳳，龍以翠製，鳳以金製。皇后的常服按規定也是鳳冠霞帔，但在實際生活中並不方便，也不時尚。儘管如此，皇后的常服，實際上還是有非常具體的規定，例如所用的雙鳳翊龍冠，比正式場合的簡單些。

烏紗折上巾

團龍

穿龍袍的熹宗
龍袍是皇帝的常服，有十二章及團龍圖案紋飾。圖中可見上衣的日、月二章和下裳的六章。此外，全身共有十二個團龍圖案。

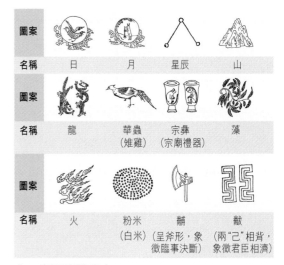

圖案			
名稱	日	月	星辰	山
圖案			
名稱	龍	華蟲 (雉雞)	宗彝 (宗廟禮器)	藻
圖案			
名稱	火	粉米 (白米)	黼 (呈斧形，象 徵臨事決斷)	黻 (兩"己"相背， 象徵君臣相濟)

十二章圖案對應表
十二章代表皇帝處事英明果斷，文武兼備，光明普照大地，澤施於四方。

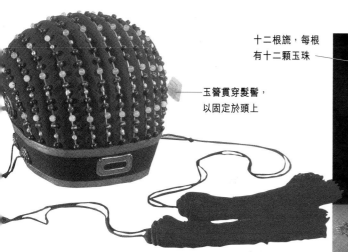

十二根旒，每根
有十二顆玉珠

玉簪貫穿髮髻，
以固定於頭上

神宗的皮弁

這是視朝、降詔、四夷朝貢時用的禮冠，同樣用珠串裝飾，但不
如冕般垂下。

神宗的禮帽 —— 冕

冕是皇帝的禮帽。在祭天地、宗廟、社稷、先農及正旦、冊拜
等大典上，袞服配十二旒冕是規定服飾。

嵌有金龍、珠花飾件的博鬢，分兩組共六塊

玉瑱飾，可避免絲組糾結

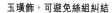

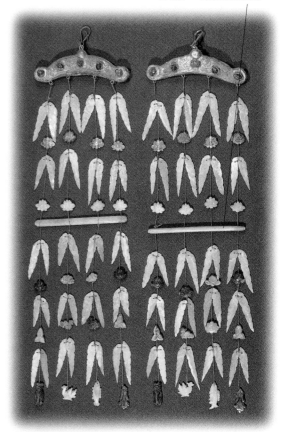

孝靖皇后的鳳冠

神宗的孝靖皇后王氏，其皇后的稱號是其孫熹宗所追封的，這頂三龍二
鳳鳳冠可能在她生時未曾擁有。

皇后禮服的玉禁步

玉禁步是繫在腰部革帶的左右兩側，戴起玉禁步，時刻保
持步行穩重，以見皇后的威嚴。

③ 處處受制的藩王

漢朝以來，統治者意識到分封制的危害，已多不採用。到了明朝，太祖卻對皇室子孫實行分封，相信有諸王作為屏藩，江山可傳之久遠。太祖死後，諸藩的存在立即導致天下大亂，四子燕王朱棣以"靖難"的名義起兵，奪取了天下。朱棣即位後，也鑒於這個歷史原因，在政治上竭力壓制諸王。

諸王分封制

明朝的皇位繼承與大多數朝代一樣，是由嫡長子繼承，其他皇子受封為親王。明初朱元璋對與他一同打天下的功臣們極不信任，於是推行分封制，依靠皇子們鎮守各軍事重地，以鞏固朱家王朝。

政治地位最低的皇族

燕王朱棣的起兵奪位，以及朱棣第二子朱高煦、安化王朱寘鐇、寧王朱宸濠的三次覬覦皇位，使最高統治者意識到擁有重兵的藩王才是皇位的主要威脅。

朱棣及後來幾代皇帝決心消除諸藩的威脅，藩王被剝奪軍權，護衛兵被撤掉，連人身自由也被嚴格限制，他們沒有皇帝批准，不能出城、不能進京、不能做官等等，甚至不能從事士農工商任何職業，這使藩王再無力反抗朝廷。

彩釉瓷侍俑

刻上雲龍紋的鐵鎖

抽屜

朱漆戧金團龍紋箱
朱漆木箱頂部及四面飾團龍，戧金工藝細膩；箱子內分三層，容量較大，配有鎖、匙，並多處設有提環，方便搬運時用。

對藩王實行厚養政策

藩王在政治上被壓制，經濟上卻受到優遇，他們可按級別領取豐厚的祿米。嘉靖年間，政府歲供京師糧400萬石，但要支付宗室的祿米達853萬石。宗室飽食終日，惹是生非，宣宗時周憲王弟朱有熺"掠食生人肝腦"。吃喝玩樂以外，為了可以領取更多祿米，還不忘多多生育子孫。萬曆三十二年（1604），宗藩人數在八萬以上。據此推算，明亡時已達十多萬。

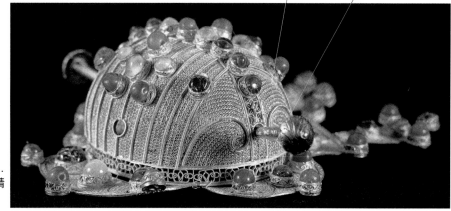

以小金圈逐個焊接成片的蓋

金鏤空環

累絲嵌寶石金冠

這頂金冠屬明益莊王所有，製作精美，十分豪華。

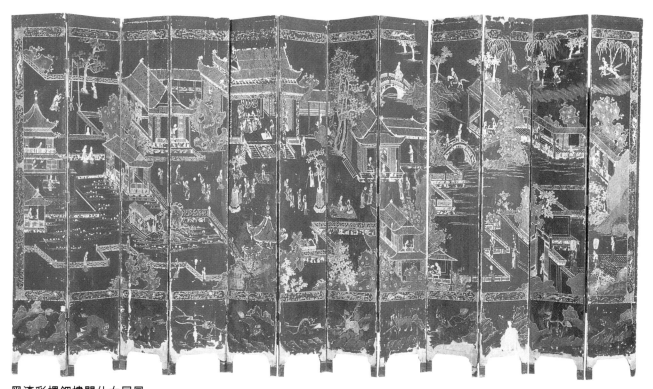

黑漆彩螺鈿樓閣仕女屏風

這件漆製屏風是藩王的隨葬品。屏風上鑲嵌了一幅彩螺鈿人物仕女遊樂圖，據榜題，所繪是今福建福州、泉州一帶的山川景色。畫面內的八十五名仕女遊樂情景、亭台樓閣山水景色也鑲嵌得極為精細。

魯王朱檀墓

1970年考古學家發掘了位於今山東鄒城市內的朱檀墓,墓中隨葬的大量冠服、書畫等,可以了解明初親王的生活,從整體隨葬品的規制,更可見出明朝親王的喪葬制度。

朱檀是太祖朱元璋的第十個兒子,出生兩個月就被封為魯王,十五歲就藩兗州,十九歲因食用金石藥毒發而死。朱檀屬於藩王中文雅的一類,喜歡琴棋書畫,也像傳統的文人一樣愛好煉丹服藥,祈求長生不老。他死前因好金石之藥,毒發傷目,可能已經失明,朱元璋因此很不喜歡他。朱檀死後諡為"荒",是一個惡諡。

織金錦袍
親王常服與東宮太子相同,盤領窄袖,前後及兩肩各織盤龍一個。袍服上的所有紋飾均在黃地上用金線織出,顯得雍容華貴,款式與朱檀的身分相當。

金線裝飾

彩繪木雕牽馬俑
朱檀墓出土完整的俑四百三十二個,其中人像俑超過四百個。大部分埋葬在前室,是魯王的一套儀仗。

九旒冕

冕是古代帝王、諸侯及卿大夫的禮冠，但在形制上有不同規定。皇帝是十二旒冕，這頂藩王的禮冠則是九旒，符合《明史·輿服志》所記的 "冕九旒，旒九玉，金簪導" 的規定。

九旒冕、皮弁，再加上烏紗折上巾，是明朝親王冠服中禮服、弁服、常服的三種樣式。

烏紗折上巾

又稱翼善冠，用篾絲織成，帽形前低後高，表敷烏紗，折角向上，是藩王穿常服時配戴的帽式。

皮弁

皮弁是在禮儀場合所戴。

朱漆戧金雲龍紋盒

這件器物內外髹朱漆，光滑明淨，無裂紋。花紋幼細，金色猶新，刀法剛勁挺秀，戧金技術非常熟練，可見內廷官辦漆工藝水準之高。

先進的軍事裝備

① 火器的全盛時代

成分	明朝黑銃藥	近代黑火藥
硝	75.8%	75～78%
硫	10.6%	7～10%
碳	13.6%(註：柳碳)	15～17%

古今火藥配方比較表

唐宋時期的火藥配比及組分都比較原始，元朝出現了三組分的火藥，明朝這一技術更加成熟，與近代黑火藥的配方十分接近。

發端於宋朝的火器製造技術，在明朝發展到中國古代的最高水平，火器不僅種類繁多，而且製作技術及性能均有極大提高，尤其是管形火器的發展最為顯著，由簡單的火銃發展到鳥槍、巨炮；明中期，佛郎機及紅夷炮等西洋火器的傳入，使明人得以汲取其瞄準器的長處，以改良本身的火器性能。中國的冷兵器時代即將結束，火器時代正在到來，並有機會趕上西方的技術水平。可惜這一進程卻隨着明朝滅亡而中斷。

配備瞄準器的火槍

金屬管形火器出現在元朝，這是兵器發展史上的重要事件，從此火器逐步取代冷兵器，向近代槍炮的方向發展。在明朝的開國戰爭中已經大規模使用金屬管形火器。其後金屬管形火器繼續發展，並引發軍隊編制、設施等的變化。明朝火槍的種類較多，有單管式(一孔發射)、多管式(多孔發射，有些像後來的機關槍)、分段式(射擊速度加快)三種。

瞄準器的使用，是金屬管形火器發展史上的一大進步。有瞄準器裝置的佛郎機在明中期傳入中國後，明朝的火器製造受其影響，管形火器開始安裝瞄準器，命中率大大提高，並成為明軍的主要火器。

火炮的改進

火炮是大型的管形火器。明朝火炮種類甚多，有五十餘種，分別用於野戰、守城及作為艦船炮等。這些火炮主要是自行設計的，也有仿製外國的。明朝火炮有銅質和鐵質兩類，銅質炮前代已有，鐵質炮在元朝發明，在明朝得到進一步發展。明中期西洋火炮佛郎機傳入後，明人加以仿製，瞄準器以及炮車、炮架的出現，使明朝火炮的使用更加靈活、有效。

勝字伍佰玖號火炮及局部

明朝早期造的火炮用火繩點火，發射石彈、鉛子和箭。用於攻城，有相當威力。缺點是發射費時，射程不夠遠，炮身笨重，不便於野戰。

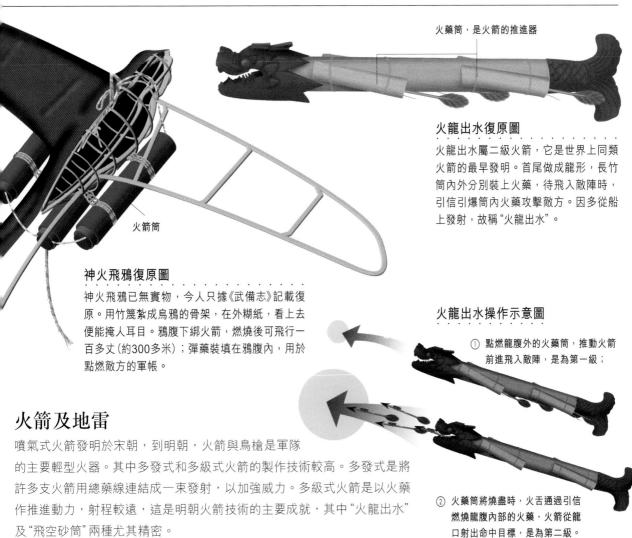

火藥筒，是火箭的推進器

火箭筒

火龍出水復原圖

火龍出水屬二級火箭，它是世界上同類火箭的最早發明。首尾做成龍形，長竹筒內外分別裝上火藥，待飛入敵陣時，引信引爆筒內火藥攻擊敵方。因多從船上發射，故稱"火龍出水"。

神火飛鴉復原圖

神火飛鴉已無實物，今人只據《武備志》記載復原。用竹篾紮成烏鴉的骨架，在外糊紙，看上去便能掩人耳目。鴉腹下綁火箭，燃燒後可飛行一百多丈（約300多米）；彈藥裝填在鴉腹內，用於點燃敵方的軍帳。

火龍出水操作示意圖

① 點燃龍腹外的火藥筒，推動火箭前進飛入敵陣，是為第一級；

② 火藥筒將燒盡時，火舌通過引信燃燒龍腹內部的火藥，火箭從龍口射出命中目標，是為第二級。

火箭及地雷

噴氣式火箭發明於宋朝，到明朝，火箭與鳥槍是軍隊的主要輕型火器。其中多發式和多級式火箭的製作技術較高。多發式是將許多支火箭用總藥線連結成一束發射，以加強威力。多級式火箭是以火藥作推進動力，射程較遠，這是明朝火箭技術的主要成就，其中"火龍出水"及"飛空砂筒"兩種尤其精密。

地雷在明朝也很盛行，並在戰事中經常使用。在嘉靖年間由曾銑發明的一種地雷，只要觸發地面的機關，地雷就會自動爆炸。可見這種火器在明朝已十分先進。

嚴格控制火器產量

明初對火器控制很嚴，只准中央的兵仗、軍器二局製造。正統十四年（1449）開始授權各省製造銅將軍、手銃之類的火器。這可能是土木堡之變後，邊防形勢格外嚴峻的緣故。其後，倭寇之患等戰事一直持續至明末，由各省自製火器，既可增產，又可免除運輸的麻煩。

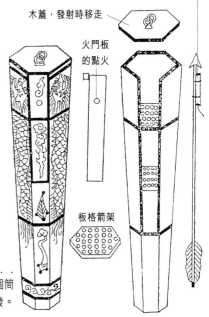

火藥筒用引線捆在一箭桿上

木蓋，發射時移走

火門板的點火

板格箭架

《武備志》中的"一窩蜂"及其內部結構

隨着火器技術的進步，火箭由以弓弩發射，改良成以燃燒火藥作推動力。一窩蜂用一個筒形火箭架，內裝數十支火箭，火箭引線互相聯結，用時點燃總引線，火箭便會應聲齊發。

② 西洋火器

明朝距中國火器的發明初期已有四百年的時間，但火器發展到明朝，就技術水平而言，已明顯落後於西方。明朝中晚期，佛郎機及紅夷炮的傳入，對中國傳統火器製造技術的發展，有着巨大的借鑒和推動作用，中國的火器從此有了質的飛躍。

火器性能的改進

明早期的火器有較明顯的缺點，如銃管較短；又因發射散彈，故射程不遠，射擊精度較差；裝填彈藥費時，而且數發之後，銃管發燙，不能立即再裝填火藥，影響射擊速度等。除此之外，火藥的質量也較差。

佛郎機銃在結構性能上有很多優勝之處，最重要的是設有瞄準裝置和發射速度較高。它採用母銃和子銃的結構，可先裝好彈藥，方便輪流打放，提高發射速度；彈藥方面也有改進，不再使用散彈，改用圓鉛彈，衝擊力大大增強；此外，佛郎機銃裝有瞄準器，置於炮架，可上下左右移動，便於調整射擊角度。

佛郎機的傳入

明人首次接觸佛郎機是在正德十二年(1517)，這年葡萄牙人首次來到中國。佛郎機(Ferangi)是明朝人對葡萄牙及其國人的稱呼，後來西洋火炮也就被稱為佛郎機。

正德十六年(1521)，明人已開始仿製佛郎機。嘉靖元年(1522)，明軍擊敗侵犯廣東新會西草灣的葡萄牙艦船，繳獲佛郎機二十門，之後明廷開始大規模的仿製。明朝仿製的佛郎機銃，母銃有方膛和圓膛兩種；銃尾有長杆方便轉動；子銃管加鑄鐵銃鎧，由於鐵的硬度、熔點都比銅高，可提高子銃管的使用壽命。

裝上彈藥的子銃，管內加鑄鐵銃膛，稱為"銅體鐵心"，可延長使用壽命

炮車

圓膛母銃

佛郎機復原圖

佛郎機是一種後裝火炮，前有準星，後有照門作瞄準之用，並備有子銃五個，可供輪流發射，大大提高火炮的命中率和射速。佛郎機有幾種尺寸，大型佛郎機炮身長187～250厘米，主要用於攻城戰；中型佛郎機的炮身長124～156厘米，多置於車上，便於靈活操作；小型的佛郎機，炮身只有31～93厘米，是為個人隨身攜帶用。

遼陽城的明守軍

天啟元年(1621)，後金軍攻瀋陽後直逼遼陽。這是《清實錄》中的插畫，後金軍已兵臨遼陽城的護城河，明軍以佛郎機及火槍守禦。

準星及照門，可調整射擊角度

炮身長度是口徑的二十倍或以上

火炮架設在炮車上，增加了火炮的機動性

紅夷炮復原圖

紅夷炮的口徑與炮身的比例相差很大，火藥燃燒時產生的力量，使彈丸發射得更遠、殺傷力更大。明末至清初的戰爭中使用非常普遍。紅夷炮自外國輸入後，中國在1621年開始仿製，彈丸是從炮口裝填的前填式，可裝在炮架或炮車上射擊。

紅夷炮的傳入及仿製

佛郎機最大的缺點是口徑小，殺傷力有限，難以適應明晚期日益激烈的攻防戰的需求。紅夷炮的傳入解決了這一問題。

明晚期，明廷幾次購入紅夷炮，並招聘葡萄牙炮師進京，幫助訓練明軍，他們共訓練了二百名炮兵。與此同時，明朝開始仿製"紅夷炮"，稱為"大將軍"。這種炮是重型武器，重量可達2700千克，因裝有確定射擊角度的銃規等測量儀器，故準確度大大提高。紅夷炮的製造比例是以口徑為基數，炮的長度是口徑的二十倍或二十倍以上。炮口的管壁要厚，才能承受裝藥量大的炮彈爆炸時所產生的壓力，當時炮身最長的達3米，口徑為12.5厘米。紅夷炮在明朝定型，此後便沒有改進和發展。

明末命傳教士造火炮

崇禎年間（1628～1644），徐光啟招收一批西方傳教士製造紅夷炮，並發給各鎮。明軍在與後金的戰爭中負多勝少，許多火炮被奪去。到崇禎十五年（1642），錦州失守，思宗為挽救敗局，命意大利傳教士湯若望為明軍造炮，第一次造了大炮二十門，後來又造小炮五百門。

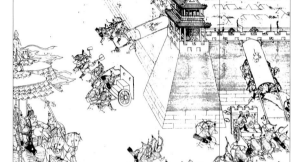

後金軍使用冷兵器為主

寧遠之役中的明軍與後金軍

在這場寧遠守城戰中，明軍在城上垛口置紅夷炮。後金主努爾哈赤在此役中被紅夷炮擊傷。

明守軍特寫

四名士兵在操作佛郎機，兩名手持火槍的明軍，正瞄準目標發射。

③ 火器時代的輕便鎧甲

隨着火器的使用越來越多，軍服的質料及設計也發生了變化。鐵鎧甲雖具較強的保護功能，但火器成為主攻武器後，近身搏鬥的機會相對減少，加上身着鐵甲不便行動及操作火器，故漸被輕便鎧甲所取代。明朝早期的軍服基本沿用鐵製鎧甲，後來出現了鎖子甲和布面甲，均以輕便靈活為原則。

穿高級軍服的韋馱像

韋馱是佛教天神之一。圖中他所穿的甲胄具宋、明時期的特色，而以明初為主，盔甲的腿裙較短。明中期以後，腿裙多已長及腳背，但為了下馬和行走方便，又用勾子把腿裙向上吊起。頭盔與北宋時期流行的鳳翅盔式樣類似。

越趨輕便的新式鎧甲

火器成為主要武器後，陣形也相應發生了變化。有些火器需要跪射，而士兵發射火器時也要躲避敵方火力，故均要求動作靈活。所以，明朝製作的新式鎧甲都以輕便靈活為主，主要有鎖子甲和布面甲兩類。

鎖子甲是用直徑1厘米左右的小鐵環相互套連編成的鎧甲，比前代綴甲片的鎧甲輕便，保護性強。

布面甲有兩種製造方法：一是從元朝繼承的，以布為裏，中間編綴甲片，表面釘甲釘；另一種以棉製，又稱棉甲。棉在明朝的產量很大，早在明初已經用棉花製戰衣、戰襖，後來發展到用棉花、棉布製鎧甲，重量大為減輕。棉甲的製法是用棉花7斤，放入水中浸透，然後鋪在地上，或以捶打、或用腳踩實，以不胖脹為度，曬乾後與布縫成下長及膝，袖長過肩5寸的甲襖。棉甲的優點是見雨不重，遭到鳥銃攻擊也不會大傷，是專為抵禦管形火器而設計的。這種軟甲在明中晚期大量使用，實際上宣告了鐵製鎧甲歷史使命的結束。

穿上棉甲的明朝軍官

明朝製棉甲時，原料有用絲棉和木棉(棉絮)兩種，先放在水中浸泡，再捶打成薄氈，縫在布甲內製成甲衣。浸泡是非常重要的工序，可讓絲棉捶打後更結實。布面甲有兩類，一類布面內縫鐵甲片，一類內縫棉襯。有時在棉襯內再縫甲片，保護力更強，圖中軍官身上的棉甲便屬此類。

銅釘，把布面和裏層的棉襯和鐵甲片連結及固定

鐵甲片

頭部成為重點保護區

明朝晚期鎧甲日趨輕便，但頭盔變得越來越堅固。其中原因可能是士兵的動作更靈活自如，使攻擊的命中率降低，而頭部就成為攻擊重點，因此，對頭盔的要求更高。《明會典》記載了十八種名目的頭盔，基本上都是鋼鐵製造的。

明朝軍人在非作戰時，則戴巾取代頭盔，特別是後期，軍人基本都戴巾；普通士兵平時還戴用氈製成的紅笠軍帽，其式樣與前代無別。

鄭成功像

這幅鄭成功畫像，袍服內的護身甲稱為"山文甲"，"文"即"紋"，由狀如"山"字的鐵甲片編成，屬細鱗甲中的一種，唐、宋以後一直流行。

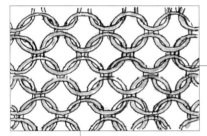

—— 整件鎧甲由環環相扣的小鐵圈編成

短袖鎖子甲復原圖

鎖子甲是明中晚期出現的一種新式鎧甲，製法是用直徑1厘米的小環編連，不再像元朝鎧甲那樣綴上鐵片。因其輕便靈活，軍人行動更為自如。鎖子甲可以直接罩在戎服外，遮蓋面大，保護力強。

彩釉武士瓷俑

武士陶俑屬於儀衛士兵，常在高級軍官左右，所以戴頭盔、穿寬袖袍服，服飾與下級軍官差不多。

④ 冷兵器的餘暉

戚繼光的鋼刀

這種短柄刀受日本刀的影響，已經與宋朝的刀形不同，刀呈狹長而彎曲狀，極其鋒利。

明朝的火器得到空前發展，而冷兵器則趨於式微，開始在戰場上退居輔助地位。明朝出現了冷兵器和火器結合使用的戰鬥隊形，但冷兵器在近戰格鬥中，仍有其不可取代的地位。

冷兵器逐漸被淘汰

上兩個世紀曾經令遊牧民族稱雄世界的弓箭等冷兵器，已經被火器所取代，明軍仍在使用的冷兵器是長槍，主要用於近戰。宋朝戰場上常用的長柄刀，到了明朝只有鉤鐮刀還用於實戰，其餘的刀類武器亦已逐漸被淘汰。至於短兵器，則成為火器手、弓箭手、牌手等的額外裝備，用以自衛和近戰。

明朝獨創的冷兵器

雖然冷兵器開始退出主戰武器的行列，但明朝還是新創了幾種冷兵器。鏜鈀類兵器是其中一種，它在近戰格鬥中，是刺敵利器，同時又有抵禦敵方的兵器、用兩股作發射架以燃放火箭的作用。狼筅用長而多叉的毛竹製成，尖端包鐵如槍，留下兩旁的枝叉，用火熨成直或彎狀，以桐油灌之，使不易折斷，再塗上毒藥，是一種比較笨重的武器，使用者要力大無比。這兩種武器主要用於抗倭戰爭中。戚繼光曾招募勇敢善戰的少數民族入伍抗倭，以提高戰鬥力，這些兵士擅用狼筅等，戚繼光以之與火器部隊配合，在近戰中發揮作用。

明軍手持冷兵器圖

圖中均是明軍常用的冷兵器，其中最值得注意的是由戚繼光創製的狼筅，專門用於對付倭寇。狼筅擋架刀槍及發動攻擊的效果尤佳，缺點是笨重，使用時需要很大力氣。

竹尖包鐵以刺敵

短兵手

狼筅手

長槍手

冷兵器和火器結合的戰陣

火器的殺傷力和破壞力比冷兵器強，因此戰鬥隊形也相應發生變化，由大陣變為小陣，這是因為當時火器的射程有限，密集式的隊伍容易自傷。這種變化可以減少傷亡，便於火器使用。戚繼光為戰勝火器裝備優於自己的倭寇，還創造了僅有十二人的"鴛鴦陣"，這一隊形以使用冷兵器為主，作用是作為攻擊敵陣的先頭部隊，而攻擊的主力則為掌握火器的後續部隊。

由鴛鴦陣展開成橫隊的"三才陣"，是冷兵器與火器合併編組而成的代表性戰鬥隊形，可充分顯示冷兵器與火器結合使用的威力。戰鬥時，先由警戒部隊與敵方保持接觸，為主力部隊爭取戰鬥準備時間，然後由火器隊對敵展開火力攻擊，再由突擊隊利用火力效果衝擊敵人，駐隊以備應援，這是一種先進的軍事戰術。

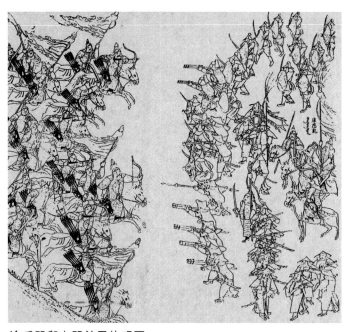

冷兵器與火器並用的明軍

此圖出自《清實錄》，可見明軍與後金軍對壘的場面。右面明軍的前排士兵，以火器配合長刀、短刀及長槍列陣，而後金軍仍以弓箭作戰。

持鎚武將像

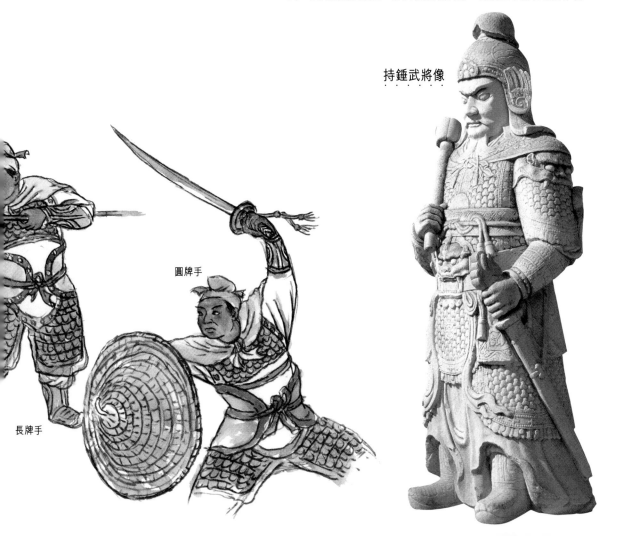

長牌手

圓牌手

① 強大的京師軍力

明朝一直在京師駐紮重兵。這種軍力的配置也是基於明朝的對外軍事形勢：在北面防禦蒙古諸部突襲，東南防禦倭寇侵擾。為了保證皇室安全，也為預備足夠的機動部隊應付突發的戰事，除在海防和塞防部署足夠兵力外，京師也需重兵坐鎮。但明中期的一次軍事行動失敗，京營的戰鬥力便一蹶不振。

京軍職責及組成

明朝在軍力強盛時期，全國二百萬軍隊，五十萬守衛京師，其餘分散在東、北部的防禦線上。京營建制主要有三大營：即五軍營、三千營（後改為神樞營）、神機營。五軍營習營陣，三千營習巡哨，神機營習火器。京師的防守由三大營所屬部隊負責，皇帝的宿衛由其中的上十二衛承擔。班軍是各地的衛所軍，被安排輪流進京訓練並護衛京師，每年有十六萬班軍入京，編入三大營訓練及執行任務。京軍隨皇帝出征，有一定隊形："大營居中，五軍分駐，步內騎外，騎外為神機，神機外為長圍，周二十里，樵採其中"。也就是説五軍分列隊中，步兵在陣內貼身護駕，騎兵在外，操火器的神機營部隊在最外圍。

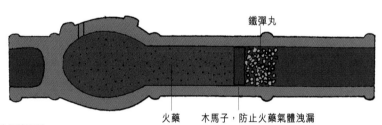

鐵彈丸

火藥　木馬子，防止火藥氣體洩漏

手銃透視圖

手銃即火槍，火藥裝填在手銃的藥室及銃膛後部。引爆火藥，鐵彈丸便會發射出去。這種火器在元朝已經開始使用，洪武年間，演變為口徑減小，身管加長，射程得以提高。後期又加上防氣體洩漏的裝置。有瞄準器的鳥銃出現後，手銃被取代。

永樂七年(1409)造手銃

火槍到永樂時期，形制統一，製造統一，編號統一。是軍中火器手的武器裝備。

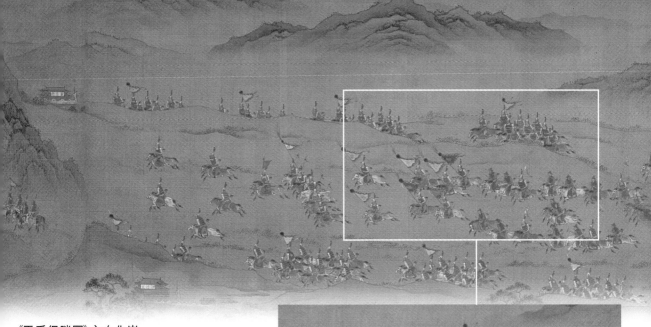

《平番得勝圖》之白化嶺

圖中軍隊以騎兵為主，應屬京營的精銳部隊。其中一隊已向山中進發，部分則在四面埋伏和支援。

火器裝備

京營的裝備因火器的改進而日益精良。明中期以後出現了戰車部隊——車營，主要裝備是各種管形火器，實際上可稱為獨立的炮兵或火器部隊。火器部隊單獨出現，是火器應用於實戰比例大增的結果，這在古代軍事史上是一件十分重要的事。明中晚期引入西方佛郎機和紅夷炮後，火器的作戰效能大為提高，京營中的火器手躍增，佔60%。輕火器主要有輕型佛郎機、鳥槍，重火器則有佛郎機炮和紅夷炮。此時新型的軍隊編制出現，五軍、神樞、神機三大營全部實行由戰兵（步騎兵）與炮兵、車兵組成的合成編制，並採用由十個不同兵種配合變化的諸兵種合同戰術。

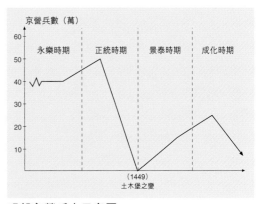

《平番得勝圖》之白化嶺局部

士兵頭戴鎖子護項頭盔，穿着長袖有腿裙的鎖子甲。

京營兵力的衰落

正統十四年（1449）土木堡之變，五十萬京軍全軍覆沒。其後雖曾不斷努力改革京營體制，但軍隊人數已無法回復最強盛時期的五十萬，景泰年間（1450～1457）于謙主兵部時的人數只有十五萬，到成化年間（1465～1487）雖大幅增加，也只有二十五萬，到明晚期更銳減至五六萬人了。

另一方面，明中期後，京營疏於訓練，軍士大部分時間是在為朝廷和貴族服役。富裕的士兵為逃避勞役及訓練之苦，僱人代替，朝甲暮乙。故京營戰鬥力每況愈下。

明朝京營兵力示意圖

雖然明朝的京師是全國的防守重點，但從圖表中可見，京營兵力在明初呈上升之勢，但土木堡之變使京軍力量跌至低谷，往後在景泰時期，雖有名將于謙着力重整京營，但兵士的數目及質素總體來說仍走下坡，明晚期更是每況愈下。

② 北方塞防體系

明朝防禦的重心之一是北方塞防。已退出中原的元朝殘餘勢力在明初不時南下攻擾，這股來自北方遊牧民族的軍事力量始終是明朝的心腹之患，相伴明朝始終。明朝對北方的策略，除在建國初年施以主動進攻外，中晚期大部分時間均取守勢，因此修築長城及設立九邊重鎮成為明朝邊防的頭等大事。

九邊與長城

退守漠北的元朝殘餘勢力，是明初的邊防重點，故明朝在臨邊的險要地區，東起鴨綠江、西至嘉峪關的長城沿線，先後設遼東（治今遼寧北鎮）、薊州（治今河北遷西）、宣府（治今河北宣化）、大同（治今山西大同）、太原（治今山西寧武）、延綏（治今陝西榆林）、寧夏（治今寧夏銀川）、固原（治今寧夏固原）及甘肅（治今甘肅張掖）九鎮，合稱九邊，駐紮重兵，控制北方軍事形勢。明朝對北元由早期主動出擊，到中晚期的轉取守勢，這不但由於君主偏於守成，缺乏太祖、成祖的雄才大略的緣故；若從實際情況考慮，明早期的連年用兵耗費了大量人力物力，在國力已大不如前的

薊鎮邊防的車兵營部隊裝備分佈

隆慶年間（1567～1572），由戚繼光鎮守的薊鎮，其邊防軍由騎兵營、步兵營、車兵營等兵種組成，達數萬人。火器配備充足，總數約有三四千門。以專門的火器部隊車兵營為例，操作火器的戰鬥人員佔了其中的62.5%，略高於其他兩營。

金山嶺長城
又稱司馬台長城，位於密雲縣北，總長約10千米，建於隆慶四年（1570），由戚繼光督建。

山海關
山海關是長城東北面的第一關口，史稱"天下第一關"，屬遼東鎮轄下。關城呈長方形，四門均有雙層城樓，城樓上設紅板箭窗，東門有高大的甕城。

長城沿線九邊及塞王分封位置
明初太祖分封諸子，其中邊塞地區共有九王，成祖以後不再行分封，但九邊一直是北邊的重要防線，將長城沿線劃分為九個防區，稱九邊重鎮。

情況下，轉攻為守當不失為明智之舉。明中期修築的自山海關到雁門關的磚石長城，與九邊緊密連結，形成一個堅固的防禦網絡，邊防力量因此得以增強。

火器強攻下的邊塞城防

為加強北邊的防禦，明朝以前代的長城為基礎，重新修築了許多地段。在長城沿線新建、改建了八十多所防禦城堡，並在一些重鎮如太原、大同、西安(今屬陝西)、宣府等置王城，利用藩王守邊。又普遍在各中小城鎮改建或加固城垣。

隨着火器火藥的廣泛應用，冷兵器時代的奇襲、圍困、智取等攻城戰術已經被火器強攻取代。明末攻城戰中，用火藥數十石，其破壞力之大，可令磚石墜落城外1000～1500米以上。因此，城池建築必須非常堅固，以磚石為主的明長城可為城池建築的典範。

邊防部隊的實力

在軍力配合上，明時北方駐軍人數雖達六十至一百萬，幾佔全國兵力的二分之一，但一旦分散到長達萬里的邊防線上，則不免仍有勢單力孤的隱憂，故作為防禦重點的九邊重鎮，一直駐有重兵，而且軍備充足。

邊防部隊配備有充足的火器，各兵種又互相配合，靈活變陣。以九邊重地之一的薊鎮為例，明中期的守將戚繼光屬下的邊防軍有數萬人，由獨立的騎兵、步兵、車兵等兵種組成，各種管形火器的總和約為三千至四千多門，車兵營是專門的火器部隊，火器配備相應較多。另外，由於面對的是擅戰的遊牧部隊，火器又不適宜近戰格鬥，加上裝填彈藥費時，故步兵和騎兵也配備較多的冷兵器。

明朝晚期，南下攻擾的韃靼各部，屢遇明軍頑強抵抗而損兵折將，可見當時塞防的成效。

《九邊圖》的遼東城

《九邊圖》由十二屏幅組成，遼東鎮佔兩幅，這是其一。畫面所示的建置、城堡、山川、關隘等地理形勝，均可反映九邊的地理和軍事佈局。遼東在明朝稱"燕京左臂"，遼東鎮居九邊之首，管轄地南起鴨綠江邊，西至山海關，有城堡二百七十九個。

長城上的敵台　　東北女真族聚居之處

遼東鎮城

鴨綠江

保守的軍事戰略

③ 完備的長城防禦

明朝是中國修築長城的最後一個朝代。由於長城的防禦作用舉足輕重，修築工程在明朝得到朝野的一致支持，財力上也得到保證；明長城用磚砌築，堅固程度遠超以往各代，今日仍可見的長城大部分就是建於明朝。

為了增強防衛力量，在長城沿線設九鎮，每鎮部署重兵，使這條邊防線更為鞏固。

逾二百年的防禦工事

明朝大規模修築長城共十八次，時間跨度長達二百多年。其中以拱衛京師為重點，居庸關至山西偏關的一段分成南北兩重，修築得十分堅固。

長城修築分三個階段。明早期，重點在兩段的沿邊關隘，分別是北京的西北至大同，東北的山海關至居庸關。明中期，由於受瓦剌、韃靼南下攻擾，於是重點修築北邊的長城，增建大批墩堡，並以超過一百餘年的時間建成九邊重鎮。明晚期，軍事威脅轉為來自東北的女真人，故修築遼東邊牆便成為最大任務。長城的修建工程主要是在騎牆建大量的空心敵台，並把以往的土垣城牆易為磚石，部分地段改線重建。

明朝長城衛兵腰牌

長城的防衛非常嚴謹，凡守衛長城的士兵均需要腰懸信牌，是他們出入的憑證。無牌或把信牌借給他人均屬違法，需依法論罪。

女牆

敵台　　城牆　　烽火台　　牆台

長城的防禦設施示意圖

綿延6000千米的長城，依山而建，構築成一條蜿蜒綿長的防衛線。簡單來說，長城由幾部分組成，體系嚴密，為防禦而設。

角山長城

從這部分的長城段可以見到長城的基本結構，牆體全部用條石青磚築成。城牆高7～8米，可容五馬或十人並行；女牆約1米高，供射擊及瞭望用；牆台為實心，每隔50～100米建一個，便於從側面攻擊登城的敵人，也是巡哨之處，有時建有小屋以避風雨。

歷史上最堅固的城牆

明朝以前的長城多為夯土築成，明朝長城則多用堅固的磚石砌築；此外，在某些地段，也有土築牆和木柵牆。城牆多建在山脊上，牆高視地形及險要程度而定。

沿線配套設施的設計也非常精密。長城的主體是城牆，同時在城牆上及沿線內外加建有助於防禦的建築，如城牆上的敵台、長城沿綫山頂上的烽火台，構成一個完善的防守體系。

長城的規模

明朝長城的總長度是6350千米，若加上複線就不止此數，複線又稱為"裏外長城"。長城牆高平均達7～8米，其上可容十人並行，五馬並馳。明長城的工程量巨大，遠遠超過歷代，如果將明長城所用的磚石土夯等修建一道高5米厚1米的城牆，可繞地球一周有餘。若將歷代修築的長城累加起來，足夠環繞地球十周了。

山巔上的司馬台長城
司馬台長城所在峭岩林立，此段被水庫截為兩段，形成"二龍戲水"之勢。

烽火台

司馬台長城山峯上的烽火台
烽火台多為獨立的高台子，是報警和傳遞軍情用的，建於長城內外的高山頂。台上備有柴草，有敵情時白天焚煙，晚上舉火。

司馬台長城單邊城牆

司馬台長城敵台
敵台每隔300米建一座，比城牆高出一至三層，下部是駐紮士兵及存儲彈藥之處，頂層瞭望放哨。這種騎牆敵台是戚繼光發明的，可駐軍十至一百人。

層層佈防嘉峪關

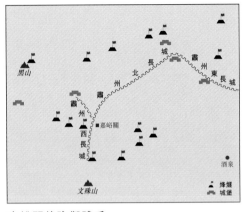

嘉峪關的防禦體系

嘉峪關南枕祁連山脈的文殊山，北倚黑山。整座關城建在嘉峪山西麓的高地上，是控扼河西走廊西端的要隘。在城關外圍的戈壁灘和山坡上加築長城、堡城及烽燧，猶如一個防護網。

嘉峪關處於中原與西域接壤的最邊緣地帶，地位如同一扇門戶。此處是明長城最西端的重要關口，也是現存長城關口中最完整的一個。

此地的防務自漢朝已經開始經營，當時為防禦匈奴，於是建河西長城，設玉石障。到五代又設天門關，但一直是有關無城。明朝正式在此建城築關，並由最初的土城，發展為佈局規整嚴密、凜然矗立的關城，明晚期又在關城周邊加建長城及沿線七個堡城。

明朝的嘉峪關屬九鎮中的甘肅鎮，受肅州衛管轄。嘉峪關邊防曾多次告急，所以在明朝大部分時間採取閉關策略，守衛制度嚴格。當時記載，關城每日啟閉三次，"颭旗鳴炮"，聲威甚壯。往來客商，必須驗證方能開關通行。關城以守衛人員為主，明中期設游擊將軍府。駐守官兵連同附近七堡約一千多人，冷兵器及火器齊備。所擁火器數量之多，有"雄甲諸鎮"之稱。

柔遠樓　關城　外城　羅城

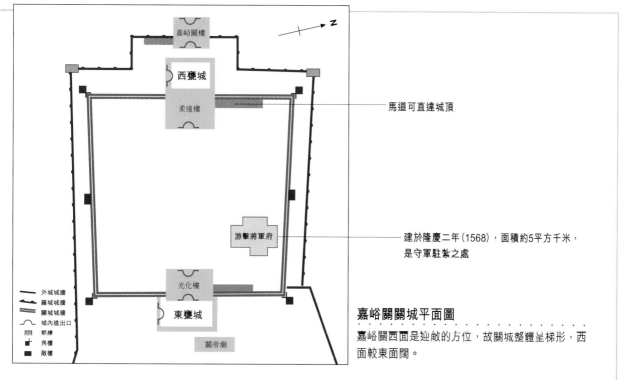

嘉峪關關城平面圖

嘉峪關西面是迎敵的方位，故關城整體呈梯形，西面較東面闊。

圖內標註：
嘉峪關樓
西甕城
柔遠樓
游擊將軍府
光化樓
東甕城
關帝廟

馬道可直達城頂

建於隆慶二年（1568），面積約5平方千米，是守軍駐紮之處

圖例：
外城城牆
羅城城牆
關城城牆
城內進出口
箭樓
角樓
敵樓

護城河

關城的甕城

關城的東西兩門均有甕城，上建閣樓，甕城城門刻意不與關城的正門直接相通。甕城為夯土牆，與內城牆同高。

嘉峪關關城鳥瞰

嘉峪關由關城、羅城，以及關城東、南、北面的外城圍牆組成，成為關城建築的典範。城牆全部磚砌，堅固異常。外城又有護城河包圍，層層佈防，周密嚴謹。

平遙城牆的防禦

平遙古城城樓
城樓是明早期利用北魏舊城牆重築，
外壁磚砌。

明朝全國出現了數十個以工商業為主的繁華城市，這些城市都建築了規格佈局大致相同的城防系統，目前保存最為完好的是位於山西省中部的平遙古城，屬於典型的明朝城牆防禦工程。古人在合理利用地形特點的同時，依照"因地制宜，用險制塞"的原則，精心設計了這座城池。在洪武三年（1370）又對城牆進行了擴建，全部改為磚築之城，使城防功效更加完善。

平遙的城牆呈方形，現存6.4千米，牆高12米，牆頂寬3～5米，甕城、城樓、角樓、敵樓、馬面等俱備。城的四門均築城樓，東西門外建甕城，甕城內地面皆以青石鋪成。城牆防禦體系嚴密，有"三千垛口七十二樓"之説。敵台七十二座，並有垛堞，上有射孔，下有炮孔。城牆的馬道平整寬闊，主要是為巡城士卒和將領騎馬上下快捷靈活而設計，且便於運送各種物資上下城牆。城牆外四周環繞一道深廣各4米的護城河，重重設防，確是易守難攻。

平遙城外景
平遙城共有城門六座，此門為平遙古城的太和門，即上東門，修築於明初擴建城牆之時。隆慶三年（1569）門外建吊橋，萬曆二十二年（1594）修築甕城。城門及甕城地面皆以石鋪，並用鐵皮包製門扇。

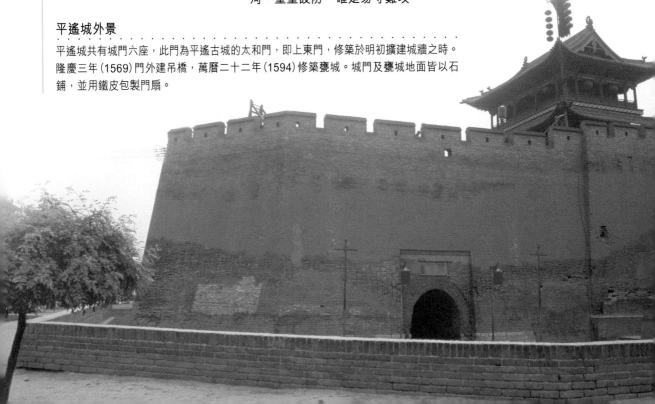

平遙城牆的敵台

敵台的構築通常是突出於城牆的內外兩側，突出的尺寸是根據地形便於發揮火力和實施側射為準。敵台的炮窗和射孔呈外八字形，既照顧到視、射界的開闊，又照顧到守備人員的防護和偽裝。突出於城牆的部分便是馬面。

城牆垛口的大將軍火炮

明朝中央設有兵仗、軍器製造局，統一製造兵器。正統十四年（1449），開始授權各省製造火炮。萬曆年間，曾令兵仗局製造各種口徑的火炮，並封號為大將軍、二將軍、三將軍、神炮等。這門火炮就是由省級製造的威力較大的大將軍。

④ 加強抗倭海防力量

被明軍擒獲的倭寇

明朝為防禦倭寇海盜侵擾及保護海運安全，在全國陸續設置了七個海防重地：廣東、福建、浙江、南直隸、淮揚、山東、薊遼，沿海地區可說是重重佈防。而在沿海重鎮配置的戰船，其技術及裝備是當時最先進的。

倭寇之患的起因

明早期厲行海禁，不准民間對外通商，只有官方控制的朝貢貿易，海外貿易因此迅速衰退，民間的造船業也大受打擊。另一方面，自14世紀初起，在日本國內混戰中失敗的南朝封建主組織武士、浪人到中國沿海一帶走私、搶劫。永樂十七年(1419)，明軍於遼東望海堝全殲來犯之倭，此後海防較為平靜。15世紀後期，日本進入戰國時代，一部分封建主支持海盜活動，倭寇又趨猖獗，廣東、江蘇、浙江、福建等地區是當時的重災區。

海防體系

為了加強沿海地區的攻防能力，明朝在重要地段設衛、所、堡、寨、關隘。明早期從遼東到廣東，設衛所一百八十一處，堡寨關隘一千六百二十二處，部署兵力三十多萬，約佔全國兵力的20%。中葉以後外患加劇，遂再有加築。在沿海的衛所亦如長城之制，修建烽堠，日間放煙，夜間舉火，以傳遞軍情。嘉靖年間，沿海所築的嘉善、崇德、桐鄉、奉化、象山等城堡，均以磚砌以防範倭寇的火器攻城。在重要的島嶼與城塞，又加築有炮台等。

兵力部署

在沿海各重點軍事區域，戰船成為一大攻擊與防守力量。明初東南沿海配

明軍捷報初傳

《抗倭圖卷》不止一卷，此卷流出日本。圖左是明軍出征，正走上江南的小橋，隔岸背景是民房，河中一隻小船載着收拾好細軟逃難的人，山嶺後百姓流離於田旁。騎馬報捷的軍士從橋的另一端趕來，右邊明水軍與倭寇仍在激戰。從河中戰艦可見明水軍的裝備。倭寇一方已有多人落水，敗象已呈。

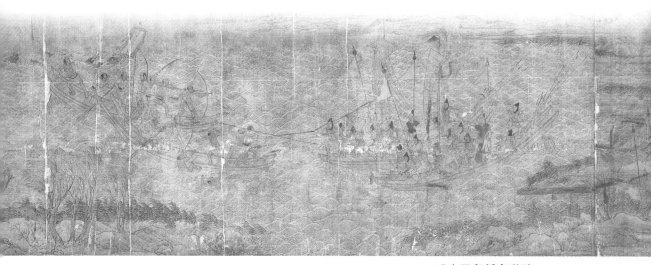

置的戰船數目大致是：廣東三百艘，福建一百三十七艘，浙江五百四十八艘。每艘戰船規定裝備碗口銃四門，火炮二十門，火箭和神機箭各二十八支。城寨的作戰力量，除有步兵駐守外，還配備了戰船，大的城寨據點配備戰船五十艘，小的配備十艘。

除沿海水軍外，在內陸江河上有眾多的戰船和運輸船。如長江上下游駐有兩支水師部隊，各轄五營水軍。

領先世界的戰船

明早期的造船技術及規模代表了當時世界先進水平，明朝戰船據記載有五十種之多，其基本技術、結構與宋元時期差別不大，但速度及作戰性能有較大提高。船體硬度加大，可以直接撞沉敵船。此外，戰船普遍裝備火器。為適應海港複雜的地形，明朝尤其注重發展輕型戰船，如鷹船、蜈蚣船等。

明朝造船技術在中葉以後因海禁而逐漸衰落，但明晚期由於對倭寇作戰的需要，戰船又一度興盛。在萬曆年間的援朝抗倭戰爭中，明水軍組成一支擁有五百多艘戰船的海軍艦隊，配備火器裝備，擊敗了日本海軍。

戚繼光的蓬萊水城

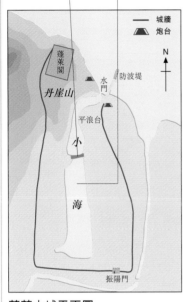

連接東西兩岸的活動板橋

停泊船艦、操練水師之地

—— 城牆
▲ 炮台

N

蓬萊閣

水門

防波堤

丹崖山

平浪台

小

海

振陽門

蓬萊水城平面圖

水城北面臨海，南接府城，背山控海，依山麓地形築城牆，周長約1.5千米，面積約25萬平方米，疏鑿小海，把海水引入。小海佔總面積的三分之一。水城有完善的攻守設施和嚴密的防禦體系。

蓬萊水城又名備倭城，是現存惟一完好的明朝海防要塞。位於今山東蓬萊市區北丹崖山東麓，北與長山列島隔海相望。它北面臨海，南接登州府城，負山控海，形勢險要。在宋朝已成為駐防重地。洪武九年（1376），倭寇侵擾，遂將登州（即今蓬萊、長島）升格為府，並在宋朝駐防的舊址修築水城防倭。

水城的佈局巧妙，由兩大部分組成：一是以小海為中心，包括水門、防波堤、平浪台及燈樓等海港建築；二是以水城為主體，包括敵台、炮台及水閘等軍事防禦設施。為了軍事防禦，水城僅開二門，北面通海，南面通登州府城，上建城樓作出入之關口。建築技術方面也反映出古代海防建築成就。小海是停靠船艦、操練水師的場所，必須保持海面的平靜，故小海北端不直接面海，而是轉折向東，完全為緩衝海浪而設計，另有一條防波堤自水門向北延伸，由塊石堆砌，形成一道屏障。海水經平浪台的迴旋轉折，風浪減緩，儘管水門外波濤洶湧，而小海內卻風平浪靜。小海的深度在退潮時也能保持3米以上，往來船艦無需候潮，可任意出入，是海港必備的設計。

防波堤，南北長約80米，由天然巨石堆積而成，可減弱海浪的強度，並阻擋沙泥進入小海

炮台

水門，是小海北面通往大海的惟一通道

蓬萊閣，是唐朝古建築　　　炮台

丹崖山上的炮台

丹崖山在蓬萊水城之西北，是這一帶的制高點，若有敵人來犯，可便於觀察及控制海面情況。在此築炮台，可與水門之東的炮台形成夾角之勢，利於防守。

平浪台　　小海

蓬萊水城遺址

戚繼光父子總督坊

嘉靖四十四年 (1565)，朝廷為褒揚戚景通、戚繼光父子抗倭有功而建，是四柱三間式出簷多脊石雕坊，位於今蓬萊市登州鎮。

邊疆的開發與管理

① 與蒙古諸部的戰與和

明朝蒙古三部的位置

蒙古族退居漠北後，分為三大勢力，這是萬曆時期的三部分佈。兀良哈部在黑龍江以南地區；瓦剌部則南起準噶爾盆地，北盡沙漠，西接中西亞的帖木兒帝國；韃靼部居於兩部之間。由於明朝廷與兀良哈部關係較好，成祖集中力量防禦韃靼與瓦剌。

明軍雖然攻滅元朝，但退於漠北的蒙古騎兵對明的威脅並未就此消除。明朝立國以來，對北邊高度設防，甚至推行"天子守邊"，以防萬一。同時，蒙古諸部也多次南擾。經過長期對峙，雙方最終走上由戰而和的道路。

退出中原的蒙古諸部

1368年，明軍攻克大都(今北京)，元順帝逃亡到位於大草原上的上都(今內蒙古正藍旗東閃電河北岸)，繼續使用元朝國號以示正統，歷史上稱為"北元"。北元昭宗死後，其子脫古思帖木兒繼立。此後，因內部紛爭，逐漸形成若干各自為政的集團，主要有韃靼、瓦剌、兀良哈三部。

明朝對蒙古諸部的攻守戰略

明朝對蒙古諸部的攻守政策，按其國力盛衰，經歷了一段由攻轉守的戰略調整。蒙古鐵騎退出中原後，其潛在的軍事威脅，仍然令北邊吃緊。成祖繼位後，由南京遷都北京，實行"天子守邊"，並對韃靼、瓦剌發動五次大規模軍事行動，他本人病死於最後一次的北征途中。自此，明朝國力轉弱，改為消極防守，修築長城，沿線屯駐重兵，阻擋蒙古鐵騎南下。然而，蒙古騎兵仍然兩次衝破長城關口，攻到北京城下甚至俘虜英宗。最後，明朝開放互市，雙方終於由戰轉和。

《平番得勝圖》局部

此圖反映萬曆三年(1575)明政府出兵西部的情況。全圖分十四幅畫面，此為"軍門固原發兵"，是九邊之一的固原鎮總兵官統領河州兵馬出發的情景。

明朝與蒙古諸部的戰與和

明朝與蒙古諸部的關係，隨着雙方內部形勢的變化，出現了先戰後和的局面。

蒙古諸部北遷以後，雙方處於戰多和少的狀態。北遷初期，戰爭主要在明朝與韃靼、瓦剌部之間展開，兀良哈部則接受了明廷管轄，在廣寧（今遼寧北寧）等地定期互市。明朝也在有女真族聚居的東北地區設奴兒干都司*，又在西北地區設置衛所，這也可從東面牽制北元勢力。

15世紀初，蒙古諸部形成以韃靼、瓦剌為首的東、西兩大勢力。後來，韃靼部受成祖軍事打擊漸衰，瓦剌部乘機壯大。正統十四年（1449），瓦剌部首領也先率部南下，英宗親率明軍迎戰，雙方在土木堡相遇，五十萬明軍覆沒，英宗被俘。只是也先志不在中原，次年把英宗送回了事。1454年，也先被其他首領殺死，草原又陷入混亂。

15世紀後期到16世紀，草原出現了達延汗、俺答汗及三娘子三位英雄人物，開始進入一個戰少和多的局面。弘治年間（1488～1505），達延汗統一東蒙古諸部。達延汗死後，諸部一度分裂。至達延汗孫俺答汗時，勢力復振。嘉靖二十九年（1550），俺答汗率兵攻到北京城下，但他的目的只是與明朝通貢，建立貿易關係。次年，雙方在大同開馬市，局面稍為緩和。隆慶五年（1571），明廷封俺答汗為順義王，雙方開展貿易。俺答汗死後，他的妻子三娘子仍然力主和平貿易，雙方在四十年間沒有發生戰爭。

明朝與蒙古諸部的戰和關係

1368年
明朝建立，蒙古諸部退守漠北

戰 **1410～1424年**
成祖五次採取軍事行動

1438～1454年
蒙古各部統一

戰 **1449年**
土木堡戰役

1454年
蒙古統一局面破壞

和 **1550年**
雙方建立貿易關係，開設馬市

和 **1571年**
明廷封俺答汗為順義王，維持四十年和平

15世紀末至16世紀蒙古族的三位英雄

人物	事迹
達延汗	15世紀末統一東蒙古諸部，曾經與明保持貿易關係。
俺答汗	是一個能號令全蒙古的人物。1571年，被明朝封為順義王，在大同得勝堡舉行冊封，隨後與明開展貿易。
三娘子	俺答汗的妻子，是第三位草原上的風雲人物，力主與明廷和平貿易，雙方得到四十年的和平。

*奴兒干都司：明朝在東北地區的地方軍政機構，全稱為"奴兒干都指揮使司"。各級官員多由當地部族首領擔任，朝廷任命並派人定期巡視檢查。

小辭典

② 對西南地區的管治

漢朝以來，中央政府對西南民族地區的治理，主要是通過委任當地土著首領世襲官職的方法來實施的。到了明朝，這種治理方法達於全盛，朝廷同時也擔心地方勢力過大難制，開始派出政府官員取代土著首領，揭開長達數百年的"改土歸流"序幕。

貴州山寨

貴州也是少數民族聚居和土司統治的地方，有些土司統治達幾十世、幾百年。

西南的特殊性

西南主要是指雲南、貴州及四川地區。這裏是苗族、傣族、彝族等少數民族的聚居地。由於受地理環境阻礙，經濟和文化發展相對落後，各民族的發展狀況也不一樣。

中原王朝對西南的治理

長期以來，中原王朝對西南地區的治理是通過冊封或委派當地土著首領為官，或是加派中央官員作為行政長官來實施的。這種適應多民族特性的管理方法，對西南地區的穩定起到很大作用，但同時也造就了一批土著首領成為當地舉足輕重的長期統治者，例如播州土司楊氏，自唐朝楊端應加封，至明朝楊應龍，共傳二十九世，控制播州（今貴州遵義）達七百多年。當時四川、雲南、貴州及廣西的土司總數約三百多名。

德昌古城

德昌縣位於四川省西南部，在洪武十二年(1379)置守禦千戶所。此德昌古城城牆與城門的形式與中原相同。

明朝改變西南的管理模式

明朝對西南開發和治理的程度要超過元朝，其中最重要的措施是逐步改變當地土著首領壟斷政權的局面。

元朝平定大理後，在西南地區設行省，任命當地民族首領擔任土知州、土知府等"土官"。土官一般是世襲的，其承襲、義務等都有明確規定。明朝繼承這種管理方法，在明中期將土官改稱"土司"。

土司是當地最有權勢的家族，對地方政治擁有決定權，對朝廷叛服不常。所以，明朝就開始實行"改土歸流"，罷免犯罪的土司，改派不世襲的"流官"。洪武二十八年（1395），雲南越州土知州阿資因起兵反明被殺，朝廷改派流官。這是第一個改土歸流的事例。明朝共有縣級以上的二十六家土司改為流官。大規模的改土歸流則是在清朝早期實施的。

改土歸流的成效

明朝是首個推行改土歸流政策的朝代，鑒於大部分土司世襲經年，擁有當地的實際控制權，朝廷為保持當地穩定，採取靈活和局部的方法逐漸推行改革，例如個別地區的土司犯事，便革去職位，順勢代以流官。又或者採取分襲的辦法，取消大土司，代以若干小土司，但也有一些土司被革後又復職的例子。可見改土歸流在明朝只是初步推行，直到清朝才正式展開。

雲南土司家的貴婦
明朝的土司制度系統完整，如定出品級、承襲方式、轄區等。土司挾各種政治、經濟特權得以坐大，至明中期，朝廷進行改土歸流，但直至清朝方告完成。圖中是清朝的雲南土司貴婦。

人頭鹽
鹽是生活必需品，今天視為粗賤之物，古時卻極重要。西南絲路上的貨物，也以鹽為大宗。

西南絲路上的馬幫
山高水長，與外阻隔，是西南地區的環境因素。在重山阻隔的地方，貨物運輸就靠這些已存在許多世代的馱運馬隊。

③ 對西藏的因俗而治

明朝十分重視對西藏地區的治理。朝廷鑒於藏族人民信奉藏傳佛教的傳統,在當地實行"因俗而治",創制了"僧官制度",這種政教合一的措施對穩定西藏起着重要作用。

西藏的行政區劃

明朝對西藏的行政管理,並沒有大幅度改變元朝以來的體制,在此設置烏思藏指揮使司、朵甘指揮使司等機構。在元朝十三個萬戶府的基礎上,增設俄力思軍民元帥府,同時又承認以往西藏各宗(縣)的建制。此外,也承認元朝賜予的封號及任命的官職。西藏僧俗首領因而紛紛上繳元朝的舊印信,換取明朝賜予的新印,取得統治的合法性。

朝廷在西藏"封王"

西藏宗教氣氛濃厚,人民信奉藏傳佛教,僧侶在當地有崇高地位,明朝根據這種情況"因俗而治",推行"僧官制度",實行政教合一,管理地方軍政事務。朝廷對藏傳佛教的領袖人物給予封號,先後分封了三大法王和五大地方之王,在八王當中,法王地位較高,他們都是宗教首領。五大地方之王地位雖然較低,但各有封地,分別統轄一定地區和屬民。在王以下,明朝還封有大國師、國師、禪師等官職,地位依次遞減。

明廷規定西藏僧俗官員要定期朝貢,朝廷給予優厚的回賜,包括金銀、綢緞、布匹、茶葉等。據統計,15世紀60年代藏區每年進京朝貢的官員達三四千人。

琺瑯僧帽壺
僧帽壺是藏傳佛教僧人的用器,此琺瑯器製作精美,具宮廷風格。

鎏金文殊菩薩像
明朝統治者在宮內設置藏傳佛教廟宇供奉佛像,設番經廠習唸經籍,並於御用監製作佛教造像,賜與烏思藏、青海等地區的宗教領袖。這些由明廷賞賜的鎏金銅像,尚存於西藏、內蒙古等地寺院中。

活佛系統的出現

西藏黃教於16世紀中葉正式採用活佛轉世系統，較先出現的是達賴系統。萬曆六年(1578)，蒙古右翼土默特部首領俺答汗贈予藏傳佛教界領袖索南嘉措"聖識一切瓦齊爾達賴喇嘛"的尊號。這是第三世達賴，前兩世係追認的。1645年，厄魯特蒙古和碩特部首領固始汗贈予達賴五世之師羅桑確吉堅贊"班禪博克多"的尊號，是為四世班禪，前三世為追認的。此後，達賴與班禪系統完全確立。由於班禪系統出現較遲，在明朝發揮作用的主要是達賴系統，對維持藏民的團結起了重要作用。

玉如來大寶法王印印文
永樂四年(1406)，哈立麻應邀到達南京，第二年在靈谷寺設普渡大齋，為太祖、高皇后超度薦福。事畢，成祖封其號，並賜印誥。

玉如來大寶法王印

牙雕白度母像

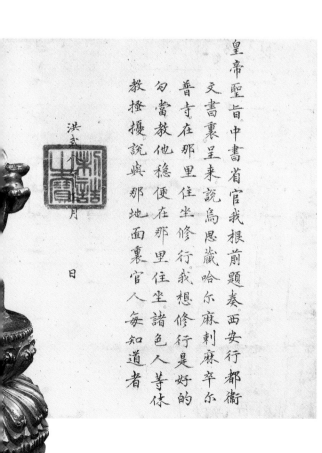

公佈藏僧抵西安的聖旨
洪武八年(1375)，西藏烏思藏有僧人到西安爾普寺修行，太祖特頒旨把消息傳達當地官民。

① 朝貢貿易建立國際關係

明朝雖然是一個較為內歛的國家，但明朝皇帝仍然存有以中國為中心的天朝上國觀念，在嚴禁民間與外國交往的同時，積極推行朝貢貿易，建立與東南亞各國的邦交關係。在明中期以前的很長時間裏，明朝仍然是亞洲最強大的國家。

對外態度的轉變

在明朝近三百年的統治裏，對外態度經歷了由封閉到逐步開放的過程。明朝初年基本採取對外封閉態度。太祖為致力國家建設，嚴令"片板不許入海"，又為免子孫妄自興兵，定下周邊十數個"不征之國"。除了官方以外，對外接觸基本停頓。成祖執政，態度較為開放，主動派船隊出使西洋，又邀請東南亞國家前來貿易，暹羅、琉球、渤泥、蘇祿等國的國王和商隊紛紛來華。成祖以後，海禁一度嚴厲，尤以明中期為甚，主要是禁止與日本通商，對西洋各國則較寬鬆。隆慶元年(1567)以後，由於倭寇之患稍為平息，朝野之士又了解到沿海居民生活出路在於對外貿易，所以明晚期順應民意解除部分海禁，商人領到引票後就可以出海，朝廷並不限定航行地點，民間海外貿易才得以迅速發展。

朝貢貿易

明朝海禁嚴厲，朝貢貿易是對外貿易的惟一合法途徑。它把"朝貢"與"通商"合而為一，非入朝納貢即不許互市。但外國對中國的所謂"納貢"，其實際價值並不高，相反，中國往往對這些國家回贈幾倍甚至幾十倍的利益。這種示人以厚，厚往薄來的貿易方式，稱為"朝貢貿易"。

然而，為甚麼明朝會樂意經營這盤賠本生意呢？其實"朝貢貿易"是一種以政治目的為主的貿易。原來古代中國人(主要是統治者)心目中的國際秩序，是以中國為中心的世界體系，靠四方來朝的景象維繫皇帝天下共主的幻想。這種觀念衍生出來的是一種和平的國際關係，中國皇帝只要求國際社會承認其宗主國地位，並不期望對外國施以直接統治，外國只要稱臣納貢，中國皇帝就心滿意足。明朝正是通過朝貢貿易，招徠外國納貢，再厚賜回贈，以示懷柔，爭取國際社會承認其宗主國地位，以求達到所謂"萬國來朝"的目的。

在永樂至宣德年間(1403～1435)是朝貢貿易的鼎盛期，後來明朝積弱，朝貢的船隻減少，朝貢貿易就衰落了。

萬曆青花花鳥圖盤

朝貢貿易中，輸入中國的主要貨物有香料、象牙等，中國輸出的物品則以絲綢、瓷器、生絲為大宗。這些就是外銷的瓷器。

萬曆青花花卉紋高足花口盤

民間對海禁的回應

明朝嚴行海禁，曾有"濱海居民不許與外洋番人貿易"的禁令，太祖還在沿海修建衛所及其他防禦工事，以防人民違禁出海，只保留具有政治性質的朝貢貿易。但沿海居民為了生活，加上對外貿易的豐厚利潤，走私活動自明初就已經出現，而且一直沒有停止過。明中期後，官方朝貢貿易衰落，走私貿易更加猖獗。到明晚期，私人海外貿易合法化，朝廷開放漳州海澄月港(今福建龍海市海澄鎮)作為惟一的出海口岸。設督餉館發商引、徵稅。然而，明朝對日本的貿易始終沒有完全解禁，每年開往日本的走私船達三十至七十艘。

蘇祿王墓文臣像

1417年蘇祿國東王巴都葛的使團來到北京，明廷贈與大批禮物。離開中國的時候，東王不幸在德州附近病逝。成祖將他安葬在德州城北，還親撰碑文。當時留下守墓的東王次子及侍從，死後附葬在墓地周圍。據說其後代還居於中國。

明			
洪武朝		**永樂朝**	
朝鮮	安南	古里	滿剌加
暹羅	琉球	蘇門答臘	婆羅
占城	真臘	小葛蘭	阿魯
日本	爪哇	榜葛剌	錫蘭山
瑣里	西洋瑣里	麻林	蘇祿
三佛齊	渤泥		
百花	彭亨		
淡巴			

與明有朝貢貿易關系的國家

根據《正德大明會典》，早期與明有朝貢貿易關係的國家共有六十三個，大部分均是在洪武及永樂年間開始建立關係的。《會典》記載了表中這二十五個國家與明交往的詳細資料。

《榜葛剌進麒麟圖》

榜葛剌(今孟加拉)是與明朝廷有朝貢貿易關係的國家，也是鄭和下西洋時到達的國家之一。榜葛剌國王於永樂十二年(1414)、正統三年(1438)兩次來中國進獻長頸鹿。由於從未見過這種生活在熱帶的動物，當時有些中國人就視為瑞獸麒麟。此畫原由沈度繪畫，此圖由清人陳璋臨摹。

②航海時代前夕的東方船隊

明朝初年，在西方航海時代來臨之前，明朝政府主動派遣當時全球規模最大的船隊出使西洋。這支船隊以人格和才學非凡的鄭和作為指揮官，經過永樂三年(1405)至宣德八年(1433)的七次出使，不僅取得了巨大的外交成效，而且在世界航海史上留下劃時代的印記。

明朝的"西洋"

明成祖為了把他的影響擴大到中國以外的國家去，派遣鄭和出使西洋。當時的"西洋"是指今日中南半島、馬來半島、印度洋與非洲東岸一帶。鄭和從地處長江口、有六國碼頭之稱的蘇州瀏家港出發，在二十八年間曾到達占城、暹羅、馬來半島、南洋羣島、印度、波斯、阿拉伯以及非洲東岸的今索馬里等二十多個國家和地區，把明朝的聲威廣泛傳播。

中古世界最大的遠航船隊

明朝為拓展朝貢貿易，投入大量人力、物力，在七次出使中，船隻最多達二百艘，最少也有六十二艘，各船種分別負責指揮、運糧、運兵等任務。船隊配備有水手、船師、工匠、醫生、翻譯和武裝人員，最多達二萬七千人。至於興建造船廠、籌辦糧食、預備貿易商品等後勤力量，更是無從估計。無論是船隻規模、船員人數以至航行地點都是當時西方船隊無法比擬的。

鄭和船隊圖

根據僅存的資料估計，鄭和船隊應以燕子式展翅行進，帥船被重重保護。

鄭和下西洋路線圖

鄭和七次遠洋航行，前三次船隊抵達印度半島西南海岸，不出東南亞和南亞。後四次遠及波斯灣和非洲。

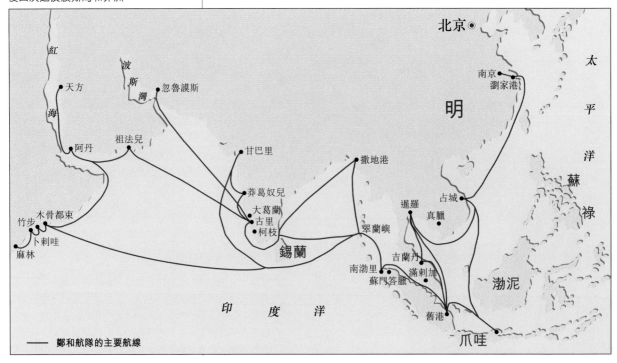

—— 鄭和航隊的主要航線

鄭和七下西洋概況

出發年份	回程年份	船隊所經主要國家和地區
永樂三年 (1405)	永樂五年 (1407)	占城 (今越南中南部)、暹羅 (今泰國)、爪哇 (今印度尼西亞爪哇島)、舊港 (今印度尼西亞蘇門答臘島巨港一帶)、滿剌加 (今馬來西亞馬六甲)、錫蘭山 (今斯里蘭卡)、古里 (今印度西海岸卡利刻特) 等
永樂五年 (1407)	永樂七年 (1409)	渤泥 (今加里曼丹島北部)、柯枝 (今印度西海岸科欽) 等
永樂七年 (1409)	永樂九年 (1411)	溜山 (今馬爾代夫羣島)、小葛蘭 (今印度西南沿海之奎隆) 等
永樂十一年 (1413)	永樂十三年 (1415)	吉蘭丹 (今馬來西亞之吉連丹)、彭亨 (今馬來西亞東南岸)、木骨都束 (今索馬里摩加迪沙)、忽魯謨斯 (今伊朗基什姆島)、麻林 (今肯尼亞馬林迪) 等
永樂十五年 (1417)	永樂十七年 (1419)	卜剌哇 (今索馬里布拉瓦一帶)、阿丹 (今也門亞丁)、剌撒 (今紅海東岸) 等
永樂十九年 (1421)	永樂二十年 (1422)	榜葛剌 (今孟加拉)、祖法兒 (今阿拉伯半島南岸哈得拉毛) 等
宣德六年 (1431)	宣德八年 (1433)	天方 (今沙特阿拉伯麥加)、竹步 (今索馬里朱巴河口一帶) 等

最先進的航海技術

鄭和的西洋航行開闢了歷史上最長的航路,抵達了屬於南半球水域的肯尼亞麻林港,建立了多條縱橫交錯的遠洋航線網絡。鄭和船隊的航線上有六處航行樞紐,由它們輻射出的航路達五十八條,表現出中國古代航海技術的成熟。此外,船隊除了採用前人季風確定航線、指南針導航等技術外,還根據親身體驗,在《過洋牽星圖》中記錄了眾多的星宿定位數據和不同海區天體高度的變化,對古代的天文導航有重要貢獻。鄭和船隊揭示的技術優勢,是繼承唐宋以來航海技術基礎的進一步發展。

福建長樂三峯寺塔

此塔建於北宋。明初鄭和下西洋時,曾停泊於長樂的港口等候季風,兩次修葺三峯寺,船隊亦視之為出入港口的航標塔。

鄭和鑄造銅鐘

這是宣德六年 (1431),鄭和第七次遠航前,為祈求平安而鑄造並布施於寺廟的鐘。高83厘米、重77公斤,鐘上鑄"國泰民安"、"風調雨順"等銘文。

③ 遠征西洋的使命與榮耀

鄭和下西洋是中國歷史上罕見的大規模遠洋航行，集結如此龐大的人力物力進行這樣的創舉，背後的動機一直眾說紛紜，但船隊促成的外交成果則是無庸置疑的。

遠征的使命

鄭和船隊進行花費巨大，歷時二十八年的海上遠航，動機耐人尋味。它們或許是像某些人說的那樣，為了尋找逃亡海外的建文帝；或許是到海外尋找珍寶；又或者是想了解帖木兒汗國對明朝的威脅程度；更可能的是剛即位的成祖藉此擴大諸國"朝貢"的範圍，宣揚中國的富強繁榮。

下西洋的外交成效

經過七次遠航，下西洋的任務到底實現到甚麼程度？如果是要尋找建文帝，那麼他們失敗了。如果是要觀察帖木兒汗國對明朝的威脅，則這也隨着帖木兒在永樂三年（1405）去世，新汗與明修好而變得失去意義。但如果是為了尋找寶物，為了爭取新的國家加入朝貢系統，以及加強對周邊國家的政治影響，這無疑是圓滿地實現了。

鄭和船隊雖然配備強大武裝，但並不使用武力，而是通過和平方式，以厚往薄來的原則，利用瓷器、絲綢、麝香、鐵器和金屬貨幣，交換各國的珍珠寶石、香料及珍禽異獸，藉此贏取各國的信任，許多國家在鄭和訪問後，都與明朝建立起邦交和貿易往來，部分國家的使團甚至是搭乘鄭和的船隻來"朝貢"的。此後，一段頗長時間裏，明朝聲威一度堪與唐太宗的天可汗制度媲美。至今東南亞各國仍保留有明朝鄭和的遺迹達三十多處。

泰國大王宮內的明朝武將石像
這尊武將石像形態威武，服飾與明朝的武將石像相同。

泰國暹羅三寶廟

此廟原名"帕南車寺"，初建於1324年，為華人住區內規模最大的佛寺。鄭和七下西洋時，先後三次拜訪泰國，並抵達這裏。當地華人崇敬鄭和，將帕南車寺改稱三寶廟。至今居於泰國的華僑仍然對其信奉有加，香火不絕。

鄭和出使促成的技術交流舉例

出使國家	輸入當地的技術	帶回中國的技術
占城（今越南）	• 種植一年三熟的稻米 • 製造豆腐 • 鑄錢技術 • 建造距地一丈的房屋，使水漲時屋子也不會被淹浸。	
暹羅（今泰國）	• 種植小麥 • 在山坡開墾梯田 • 使用海鹽，當地人不再食用碘含量低的礦鹽。	• 引進耐藏且不易蛀壞的暹米 • 帶回暹羅出產的紫檀木，因其質地堅硬，可用作造船。
滿剌加（今馬來西亞）	• 使用農具、開井引水的方法，教授耕種技巧。	
爪哇及舊港（今印尼爪哇島及蘇門答臘）	• 建屋技術 • 耕種技術 • 把弈棋（圍棋）和皮影戲傳入蘇門答臘。	• 帶回各種香料，如胡椒、蘇木、檳榔等；還有點燃後可防疫症的金銀香、沉香、黃蠟等。
錫蘭（今斯里蘭卡）和印度	• 種茶技術 • 紡織技術 • 可治療疫癘的刮痧之法	• 佛教藝術 • 音樂及提線傀儡戲等表演藝術

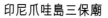

印尼爪哇島三保廟

印度尼西亞爪哇島三寶壟市是鄭和下西洋時幾度拜訪之地，三保廟是當地華僑和印尼人為紀念鄭和而修建的，坐落在當年鄭和登陸的地方。廟內"三保洞"，供奉了一尊鄭和的全身塑像。

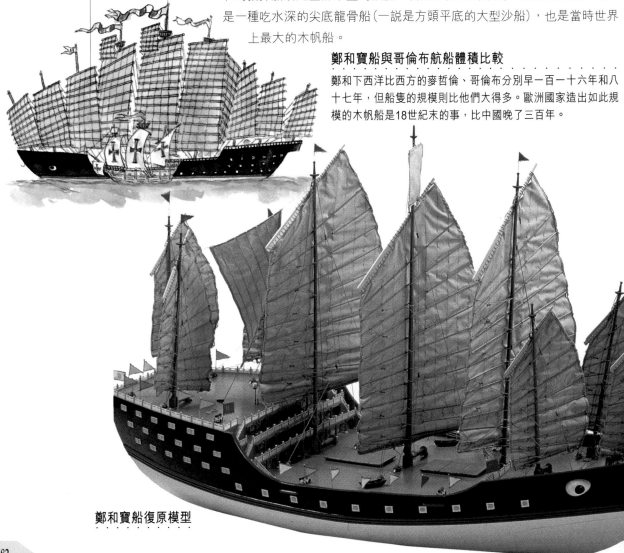

明朝的對外關係

④ 鄭和的寶船和寶船廠

鄭和率領當時世界上規模最大的船隊航行海上，其航海水平領先於世界，不僅表現在艦隻數量眾多，還顯示在艦體的巨大和造船技術的先進。

寶船設計新突破

鄭和的指揮船屬於船隊中的旗艦，是其中最重要和最龐大的船種，稱為"寶船"*。船長44丈4尺、寬18丈，以現代標準折算，船長138米，寬56米。船上有九桅，十二帆，排水量在15000噸左右，載重量超過7000噸。這樣巨大的船，沒有二三百人不能舉動。

寶船船型的設計，是經過深思熟慮的，體現了先進的造船技術。古代船隻，以木帆船為主，行駛靠側風及尾部來的風力，一般來說，船窄則速度快，因此戰船等要求速度的船隻，船身的長寬比值要大；船寬則速度較慢，但相對平穩，所以客船、貨船等要求安全的船隻，長寬比值較小。鄭和的指揮船既是主帥乘坐的旗艦，自然以安全為原則，船型是短寬型的，是一種吃水深的尖底龍骨船（一說是方頭平底的大型沙船），也是當時世界上最大的木帆船。

鄭和寶船與哥倫布航船體積比較

鄭和下西洋比西方的麥哲倫、哥倫布分別早一百一十六年和八十七年，但船隻的規模則比他們大得多。歐洲國家造出如此規模的木帆船是18世紀末的事，比中國晚了三百年。

鄭和寶船　　　哥倫布航船

鄭和寶船復原模型

官辦寶船廠的興衰

寶船廠是明朝最早設立的官辦造船廠，有專門的匠戶四百戶，主要造戰船、皇家與官府的座船及差役船，鄭和船隊的部分"寶船"，就是在此製造的，寶船廠因而得名。

寶船廠舊址在今南京西北郊挹江門和漢中門之間的三汊河一帶。經實地調查，船廠南北長1000米，東西寬500米，東至城牆，西臨長江，佔地約800畝，面積約相當於七十個標準的足球場。現在當地仍保存了一些與寶船廠有關的地名，如"頭作塘"、"二作塘"到"六作塘"等，就是當時造船和修船的地方，這處還曾經出土估計是鄭和船隊所用的造船構件。

寶船廠的興衰與鄭和下西洋的關係密切。永樂初年，寶船廠造大批船隻，供鄭和船隊出使之用，例如永樂五年(1407)"造海運船一百四十九隻，各使西洋諸國"。然而，隨着下西洋計劃的終止，寶船廠的生產線就閒置起來。後來，雖有繼續造船，但生產量已大大縮小，原船廠的一部分更改為農田，其後寶船廠易名龍江船廠。

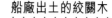

船廠出土的絞關木

絞關木是用來起錨的。這段絞關木是1965年在船廠四作塘發現的，以鐵力木製造，長2.22米，估計可起重500公斤的錨。鐵力木是極堅實的木材，比重重於水。

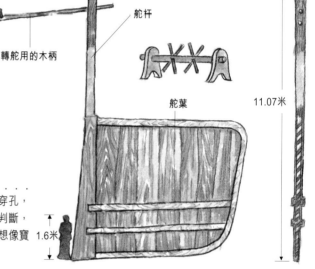

舵杆

轉舵用的木柄

舵葉

11.07米

寶船舵杆復原圖

鄭和寶船用的舵杆，用極堅固的鐵力木製成。杆的一端有長方形穿孔，可安裝轉舵用的木柄，下半部有榫槽，可安裝舵葉。從榫槽長度判斷，舵葉高度超過6米。復原後的寶船杆，高度是一般人的七倍，可以想像寶船原來的規模。

1.6米

寶船出海處

這是船廠的第四號船塢。寶船就是從這裏經長江出大海。

*寶船：有兩種說法，一說指所有鄭和下西洋的船隻，另一說特指鄭和乘坐的指揮船。

小辭典

⑤ 初遇歐洲列強

明朝初年，中國人面對的是以東南亞國家為主的世界，明中期後，葡萄牙、西班牙、荷蘭等歐洲新興強國紛紛東來，希望與中國建立貿易關係，明朝卻本着一貫的對外態度，視西方各國的到來為朝貢，結果，雙方不但無法建立正常外交關係，還爆發一連串的衝突。

葡萄牙人的東進

中國人與歐洲國家的正面接觸是由葡萄牙人開始的。隨着西方人發現通往東方的航線，歐洲各國在15世紀末開始擴張海外勢力，最早崛起的殖民國家葡萄牙，積極遣使出洋東渡，時間上與鄭和下西洋差不多。

葡萄牙是首先到達東方的國家。正德六年（1511），葡萄牙人佔領了滿剌加（今馬六甲），這裏是明朝朝貢貿易的一個重要地區，這一事件，實際上已打破了中國與海外地區憑藉朝貢貿易建立起來的邦交關係。

中葡首次官方接觸

正德十二年（1517），一直對中國興趣濃厚的葡萄牙國王派遣使團來華，到達廣州，希望與中國建立貿易關係。當時，明朝的地方官將他們視為朝貢國對待，但由於葡萄牙不在朝貢國名單之內，地方官於是上報朝廷，請求指示。後來，葡萄牙使團通過賄賂明朝地方官，才被允許進京，但適值武宗病逝，葡萄牙使臣無法成功面聖，並且因為使團曾賄賂中國官員，繼任的世宗怒而將葡使逐出中國。

葡萄牙帆船模型

這種船的船體堅固巨大，其載貨量也大，是行走東亞至里斯本，即"印度航線"的船隻。此帆船是由發現印歐航道的葡萄牙航海家達・伽瑪所指揮的聖賈比優號大船的模型。

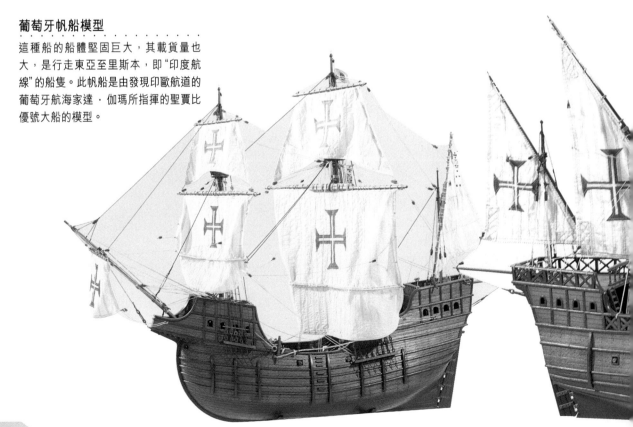

葡萄牙使節來華以後，明朝對西方國家有所戒備，間接促使其重申海禁政策，希望對外保持距離。同時，葡萄牙商人不能通過正常渠道與明朝貿易，開始結成海盜，侵擾中國沿海，埋下雙方關係進一步惡化的伏線。

西方國家爭奪澳門控制權

繼葡萄牙後，西班牙及荷蘭也分別於萬曆三年（1575）及萬曆二十九年（1601）與中國接觸，但由於明朝堅守朝貢貿易的觀念，只把他們視為朝貢國處理，兩國始終未能達到與中國貿易的目的。歐洲列強轉而訴諸武力尋求通商機會，他們認為要先在中國佔領一個貿易據點，才方便爭取通商，與中國大陸只有一海之隔的澳門，就成為他們爭奪的目標，最後由葡萄牙人取得澳門的居留權。

大三巴

葡萄牙積極經營澳門為對華傳教基地，希望藉傳教士得到更多中國的資料。為培養精通漢語、熟悉中國禮儀的傳教士，葡萄牙在澳門設立了一所東方最早的西式高等學府 —— 澳門聖保祿學院。今日的大三巴牌坊，就是聖保祿學院被焚毀後殘存的前壁。

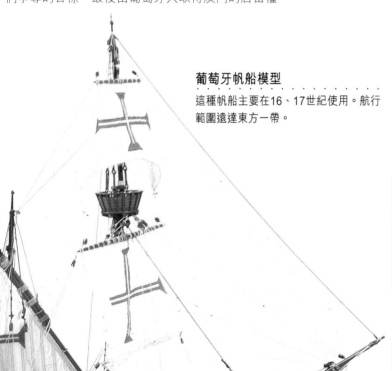

葡萄牙帆船模型
這種帆船主要在16、17世紀使用。航行範圍遠達東方一帶。

16～17世紀歐洲國家與中國的關係

國家 （抵華年份）	目的	結果
葡萄牙 （1517）	通商及傳教	晉見皇帝不果，後被驅逐。後來經一番角逐，得以留居澳門。
西班牙 （1575）	通商及傳教	兩次試圖以武力佔領澳門及虎跳門，均被驅逐。
荷蘭 （1601）	通商	1624年，荷蘭人佔領台灣，明朝廷招撫海商鄭芝龍集團對付荷蘭人，至清初由其子鄭成功收復台灣。
英國 （1622）	通商	聯合荷蘭人進攻澳門，被葡萄牙人擊退。

糧食的生產與運輸

① 傳統農業定型時期

中國農業生產中的作物組成、耕作制度和栽培技術，是在明清時代成熟定型的。明朝的人口主要從事農業生產，耕作技術比前朝有所發展，更注重精耕細作和引入新作物。不過，農具並沒有太大改進。隨着明朝人口不斷增加，精耕細作的模式雖有利提高農作物產量，但同時也導致人均耕地面積不斷下降，造成社會的隱憂。

農業成熟而停滯

隋、唐、宋、元是中國傳統農具發展的黃金時代，幾乎達到成熟完善的地步，完全能夠滿足傳統農業的需要。所以明朝除風力筒車、風力水車和人力耕地機（代耕架）等零星發明外，基本上是繼承前朝的農具，沒有重大突破。運用風力轉動的龍骨車，不假人力，可把水源運輸至數里以外的農地，是大型的灌溉機械，灌溉效率得以提升。

明朝的農業更注重精耕細作，提高單位產量。具體技術的進步表現在耕耘、選種、播種、施肥等方面。耕耘方面注意早耘和深耕，犁地深度達7、8寸，可以徹底翻鬆土壤。品種方面，吳江（今屬江蘇）的水稻達一百多種，小麥有十四種，農民可因時制宜靈活選種。當時已經有三季稻的種植及稻、麥輪作。加上國外高產作物的傳入，有助於養活更多人口，其中如玉米及甘薯在明朝引入後，至今仍是重要的糧食作物。明朝平均糧食畝產量達到173公斤，比元朝增長2.4%。

在土地上終老的農民

一個生活在15世紀中國農村的人，與過去兩千年來的男耕女織生活差別不大，也是在土地上度過一生。明朝通過《黃冊》管理土地，以里甲管理人口，主要按土地為基準課稅徵役，因此，農民不能隨便離開土地和家鄉。朝廷規定，農民在百里之內可以自由活動，百里之外就要特別申請"路引"*，各地設官員盤查行人，因此農民的流動性很低。

為幫補家計，農民在農閒時從事家庭副業，布匹、食品、農具等大部分生活用品都是自己加工的。雖然中國是最早使用鈔票的國家，但農村仍然是自給自足的自然經濟模式。除了自製生活用品外，有些住在京郊附近的農民，也專門種花種菜，供應給京城的市民，當時北京郊區的大白菜、蘿蔔很著名，南郊一帶則種植牡丹、芍藥等。

人力耕地機操作示意圖

由於災荒、瘟疫，一些地方缺乏耕牛，農耕生產受到影響，有人發明人力牽引的耕地機械，又稱"代耕架"。天啟六年（1626），王徵設計及製作的代耕架，力量足敵二牛。這一工具傳至清朝仍有使用。

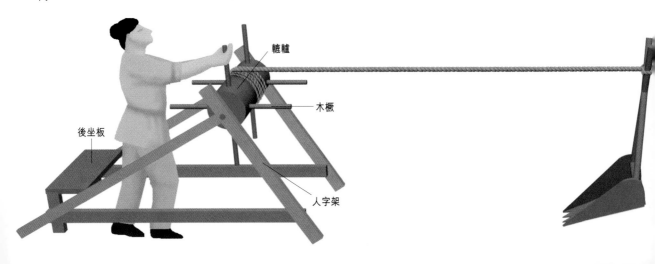

轆轤

木橛

後坐板

人字架

新作物的引進

明朝引入的新作物種類很多，玉米、甘薯、花生等引進作物日後發展成為地方性甚至全國性的重要糧食作物，其中甘薯和花生在中國可能有原生，明朝只是引入良種。新作物引入的時間均在明朝中晚期，因此所產生的重大的影響多在清朝出現。

生活小發明

一些生活上的小發明，也有助於提高生活質量。李時珍記載了豆油的製造方法，當時的豆油普遍作點燈用，亦有小戶人家食用。高濂的《遵生八箋》，記載了醬油、綠豆芽、黃豆芽的製造方法，這些現在看似極其普通的事物，均在明朝發明。萬曆年間，京中富人冬天能吃到暖洞子產的黃瓜，北京隆冬天氣仍有暖室鮮花供應，可看出溫室栽培技術的進展。

《耕織圖》之桔槔圖

這幅《耕織圖》中所見是一種傳統的汲水工具。在架上設杆，一端繫汲器，一端懸綁石塊等重物，輕易地便可將灌滿水的汲器提起。明朝雖有風力筒車等大型灌溉機械的發明，但桔槔等小型的灌溉工具仍繼續使用，沒有被淘汰。

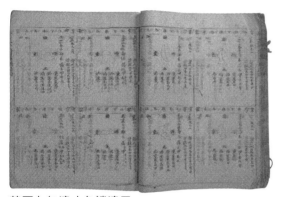

萬曆九年清丈魚鱗清冊

《魚鱗圖冊》是洪武年間為清丈全國土地而繪製的土地清冊，因為狀似魚鱗而得名。萬曆九年(1581)，內閣首輔張居正為了增加政府收入，清查隱匿的土地，再次清丈全國土地，編製《魚鱗圖冊》，此圖即該次清丈土地的記錄之一。

政府官印，代表這是合法的土地買賣契約

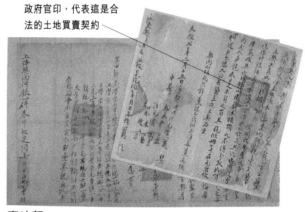

賣地契

明朝晚期，很多農民因生計困難，迫於無奈把土地賣掉。當時民間的土地買賣一般由賣方委託中介人尋找買方，三方一起議定價格，寫成合約，三方簽字畫押，合約即可生效。

*路引： 明朝為將人民固定在土地之上，確保賦役的徵收，農民離開家鄉百里之外，必須先經過申請，獲得通行證 ——"路引"，方可成行。除農民外，商人出門也要有商引，官員出門有驛遞公文。

小辭典

糧食的生產與運輸

② 水利為朝廷經濟命脈服務

為了開發充足水源灌溉農田，興修水利在各朝均受到重視。明朝為農業生產而修築的水利工程，規模不算龐大，但數量很多，而且大部分是修復過去失修的水利建設。明朝的水利在前朝的基礎上出現的突破性進展是海塘工程，在治理黃河水患方面也取得一定成績。此外，自遷都北京後，糧食需經漕運從南方運到京師，因此，明朝對治理運河也出力很大。

水利工程

明朝的治水工程計有兩千兩百次，數量超越前朝。所修治的水利設施主要在明初進行，大部分是在前朝的水利工程基礎上加以修復，例如安徽和州銅城堰閘、廣西的靈渠、四川的都江堰、太湖地區的三吳水利等。明朝中晚期，則以發展中小型水利工程為主。

明朝在修築海塘方面有突破性進展。海塘集中在江浙一帶，可以保護農田不受海潮侵害。這類工程自漢朝已經開始，唐宋延續修建，明朝的顯著成就是將土塘改為石塘，並將局部連成一線，北起常熟，南至杭州，有效保護農田。

戴村壩

這是山東東平縣與汶上縣之間的戴村壩引汶濟運工程。此壩建於永樂年間，遏汶水濟運，解決了運河山東段水淺之患，大運河從此暢通。

頗具成效的治理黃河方案

黃河水患一直困擾歷代的中國人，由於黃河河道經常變化，治理的方法也隨之不同。

明朝治理河道成績最顯著的是潘季馴，他主持治理黃河、淮河、運河達二十七年之久，主要採取堅築堤防的措施，以固定河漕。他又系統地整治了鄭州以下兩岸堤防。"築堤束水，以水攻沙"是由潘季馴提出的，他針對黃河含沙量大的特點，認為分流的辦法於事無補，實行在下游用人工築堤，加快流速，使河水的沖擊力增強，帶走泥沙，有效避免了河床淤塞和河水泛濫。

明朝整治黃河的重點，北面主要防止黃河決堤泛濫而淤塞運河；南面則着

黃河運河交匯處

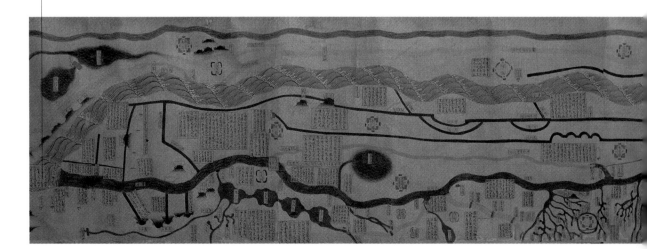

重黃河與運河的溝通。明中期以前運河在徐州與黃河相交，受黃河泛濫的影響，河運不暢。明中期以後建南陽新河、中運河，運河與黃河分離。明晚期由潘季馴主持修建的清口樞紐工程，使運河與黃河、淮河平交。明朝的整治黃河主要是為確保漕運的暢通，但改善黃河泛濫的情況也有利於黃河流域的農業生產的發展。

漕運是明廷的生命線

成祖遷都北京後，明朝的經濟重心仍在江南，漕運承擔了南糧北調的重任，成為明朝政府的生命線。永樂年間疏濬了淤塞的通惠河，又先後開鑿濟洲河及會通河，形成了由杭州直通北京的"京杭大運河"，全長1500千米，原來的河道有所縮短，從此河運取代海運，航運的成本和風險因此減低。

明朝每年通過漕運送往北京的糧食達400萬石，元朝以海運為主，故河運只有幾十萬石。明朝負責運糧的船隻一萬多艘，負責押運的士兵十二萬；運河及黃河的修治及防守由沿途的衛所承擔。

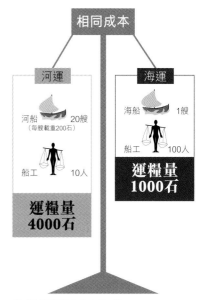

海運與河運成本比較

永樂九年(1411)，工部尚書宋禮疏濬會通河後，建議增加河運，減少海運。因為在相同成本下，河運比海運的運糧量高達四倍。海運風險也較大，甚至可造成5%～25%的損失。

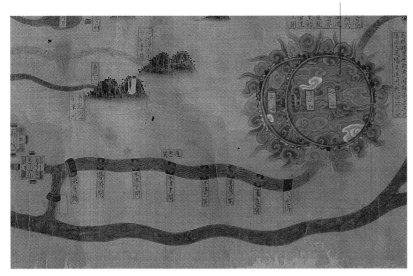

《黃河運河全圖》局部

大批糧食每年經大運河漕運到京師，以供應朝廷的需要。

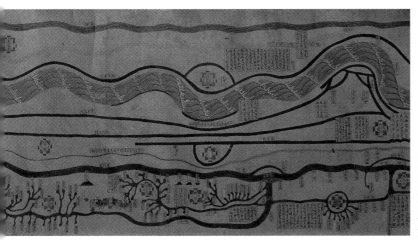

《黃河運河全圖》局部

大運河在山東境內與黃河交匯，黃河大量泥沙不斷淤積，並多次改道，使運河受阻，明政府曾大力治理河道。此圖繪於明朝，圖上黃河水濁，運河水清。

發達的手工業
① 商品經濟與專業工匠

中國傳統手工業一直沒有從家庭手作副業中分離出來，因此生產量難以形成規模。明中期以前，手工業仍然以官營手工業作坊為主。不過，這種情況在明中晚期有了改變。商品經濟的發達，使社會對奢侈品的需求量大增，一批民間工匠應運而生，帶動了手工業的蓬勃發展。

官營手工業的強制勞動

朝廷規定各地工匠要義務為皇家和政府服務，服役工匠分輪班匠和住坐匠兩種。輪班匠是從全國各地輪流到京城服役的工匠，平均每三年或四年一次；住坐匠則被遷到北京，定居在大興、宛平兩縣（今北京），定期為皇室服務，通常每月服役十天。明早期每年需到北京服役的工匠達四萬五千人。官營手工業作坊在物質上得到朝廷的大力支持，擁有先進的技術、充裕的資金、精細的分工，所以在明朝早期是手工業發展水平的標誌。但這種強制性的無償勞動，使工匠缺乏積極性，消極怠工，甚至逃亡的現象屢有發生，導致了後來工匠制度的瓦解。

私營手工業者崛起

明中期以後，由於商品經濟的發展，市民階層人口的增加，社會對手工業產品的需求激增，許多人開始投入手工業者行列。官營作坊因義務為皇家和政府服務的性質以及管理上的弊端，阻礙了生產力的發展，私營手工業開始打破其壟斷地位。

明朝官營作坊約有三十萬工匠，明中晚期，這些原本隸屬於官府的工匠，可以繳銀換取自由，直接參與商品生產。他們對手工業市場的影響重大。

民間手工業水平

明朝的民營手工業以冶鐵及棉紡織業最為發達。明朝的礦冶業均開放給民營，包括銅鐵礦、金銀礦等，產鐵的地區有一百多處，有些地方生產規模龐大，工匠達二千五百人。棉紡織業也由官營過渡到民營，明朝晚期，皇室官府所需也要向民間購買。陶瓷業方面，民窰的工藝水平甚至超過官窰。

特色工藝品種

明朝的工藝品精美雅致，還沒有像清朝那樣流於繁縟。不少是在前朝產品的基礎上繼續發展，如雕漆，風格多變，技藝相當精美；明朝與外國交流頻繁，故也有外國輸入的工藝技術，例如宣德爐及景泰藍與鄭和下西洋有關；玉雕竹雕則能充分體現明朝文人追求清新高雅的風尚。無論是出於官營作坊還是私營作坊，均在工藝上不斷求新求精。

明朝工匠服役規定的轉變

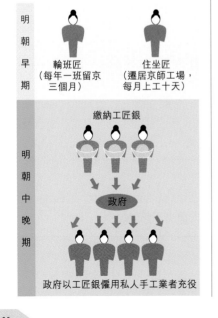

明朝早期

輪班匠
（每年一班留京三個月）

住坐匠
（遷居京師工場，每月上工十天）

繳納工匠銀

政府

明朝中晚期

政府以工匠銀僱用私人手工業者充役

黑漆戧金稜瓣形盒

戧金即劃紋填金，明朝中晚期多以戧金來裝飾實用器物。這件十五稜蓮花形漆盒，造型優美，盒面刻庭園小景，一女執筆凝思，兩婢女捧書侍立，四邊有波濤漩渦紋。

時大彬款紫砂胎剔紅壺

在明朝，各個工藝領域均出現專業工匠，其風格獨特，技藝高超，猶如個人品牌。此壺底刻 "時大彬" 的款，時大彬是萬曆年間的著名製壺匠人，尤以製作紫砂壺聞名。這件雕漆器便是以時大彬製器為胎，上髹紅漆而成。

方于魯鴛鴦彩墨

方于魯本為文人，後來轉而專門製墨。他和墨不以漆而以廣膠，又以靈草汁解膠，使墨能光澤如漆，堅如烏玉。在墨上髹彩敷色，雕刻精致，更見製作工藝之精。

用竹絲編製的盒邊

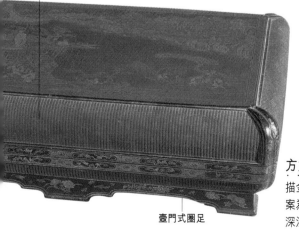

壼門式圈足

韓希孟顧繡《花卉蟲魚冊》

明朝時，上海顧名世之家的女眷都精於刺繡，世稱 "顧繡"。韓希孟是顧名世的孫媳，是顧繡中的巧手。這是《花卉蟲魚冊》中的《藻蝦》。韓希孟運用針鋒，繡出一幅十分寫實生動的畫來。

方如椿黑漆描金山水人物盒

描金以黑漆為地最常見，此盒為薄木胎，盒蓋的山水圖案和圈足的花卉圖案為描金。描金原料是金箔，有的甚至用兩種或三種金箔描金，以不同的深淺顏色營造更豐富的效果。

前店後坊的酒作坊
——水井街酒坊

明朝中晚期，民營手工業作坊因商業蓬勃而得以發展。這類作坊的生產規模一般較小，以家庭式經營為主。手工業者不再只是提供技術，其生產的物品也不單為自用，他們是為市場而生產。四川成都水井街發現的酒作坊遺址便是具體例子，這也是迄今發現的惟一的白酒作坊遺址，對了解明朝的造酒業有重要意義。

釀酒設備
這可能是放置蒸餾器的冷卻器。

整個作坊面積有1700平方米，或許是家庭式經營。分為前後兩部分，是前店後坊的形式。在這兒釀好的酒，便直接拿到鋪面售賣，這就是一種商品化生產活動。後部是製酒工場，晾堂、酒窖、爐灶等生產用具一應俱全。據專家估計，當時的產量有十幾噸。在酒坊旁邊清理出的街道路面，以及在該範圍發現的數百件陶瓷飲酒具，則是臨街酒鋪的遺物。

青花成化年製款瓷片

青花瓷酒杯

晾堂

晾堂呈長方形,南北長9～21.5米,東西寬12～24米,總面積230.3米。這是拌晾糟料的地方,因此中部高,周邊低,四面略呈緩坡狀,以利於排水。

酒窖

共有八口,用來拌麴發酵。酒窖呈斗狀,內壁及底部採用精選的純淨黃泥填抹。濃香型白酒講究發酵,酒窖使用時間越長,窖泥越老,酒質越好。

水井街酒作坊遺址發掘現場

遺址面積1700平方米,已經發掘的近280平方米,發現了晾堂三座、酒窖八口、爐灶四座、灰坑四個及路基、木柱、釀酒設備基座等。

② 紡織業的新局面

經濟作物在明朝極受重視，它對社會經濟有舉足輕重的影響。明早期，政府已經鼓勵多元化種植，除了糧食作物外，也重視經濟作物的培育。明中期，經濟作物因應市場的需求，種植範圍更廣，其中棉、桑樹等的廣泛種植，為紡織業發展奠定了良好的基礎。

紡織及印染原料的種植地區

明朝紡織業發達，紡織原料的種植趨於專業化，其中以種植棉、桑及印染原料為主，並且出現了種植地區的分工。

明朝的棉布取代絲和麻，成為民間主要的服裝原料。明朝的棉花有"種遍天下"之說，一些地區的棉花種植佔整體農產的極大比重，例如松江(今上海郊區)和山東地區有一半的土地種棉，山東種棉的盈利，更遠遠超過其他農作物。

絲織品是富人的專寵。養蠶必須採桑，桑樹因而成為重要經濟作物。北方以山東地區植桑最多；南方的杭州嘉湖地區，桑樹種植普遍，甚至超過稻米的種植，四川的閬中也是植桑中心。

此外，染料的種植也發展迅速，最重要的首推藍和紅花。種藍最多的是福建和江西。紅花種植地區則集中在溫州(今屬浙江)和四川等地。溫州每年都有大量紅花運銷外地；四川新都縣的一個1000多畝的紅花種植場，每年獲利達八百兩白銀。

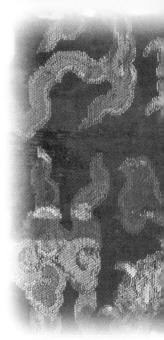

黑地五彩雲龍海水錦

由於明政府大力推廣，蠶絲生產基地和絲紡織基地大量湧現。政府在各地設立製造局、官作坊，專門生產官方所需絲綢。民營作坊也很發達。明朝織機改進，使絲綢產品更加精美，這塊五彩雲龍海水錦是明朝高水平絲綢織造技術的體現。

新興的紡織業重鎮

江南是絲、棉織品的新興織造中心。明朝早期，絲織業以官營為主，官營的針工局、織染局設於京師，在南京、蘇州、杭州等地設分支機構，其中以蘇州織造局規模最大，全盛時期有一百七十三張織機。各局各有定額的年產量，供應皇室及官府所需。官營作坊為完成定額，常常向民間機戶*訂購產品。明中葉後，官營作坊衰落，民間機戶迅速發展，尤以江南的蘇、松、杭、嘉、湖地區為盛，出現了一些絲織業的市鎮。

棉布是明朝民間普遍使用的衣料，也是宮廷賞賜以及軍需物品，朝廷甚至用以與邊疆地區的少數民族換馬，因此需求極大，位於江南的松江府逐漸發展成為棉紡織業中心，當時有"買不盡松江布，收不盡魏塘紗"之謠。

《耕織圖》之織機

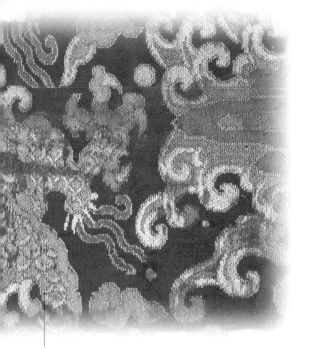

織錦的紋理

人物庭院圖藍印花布之騎馬官人

當時棉紡技術先進，棉織品密度厚，線紋均勻。因棉布的尺幅較窄，這應是家庭手工織機的製成品。當時松江地區是江南著名的棉織中心，布料行銷全國，裝飾手法有織花和印花，紋樣仿明錦。

斜紋地起斜紋花的綾

青地蕃蓮印花布

印染花布在明朝一直盛行不衰，各地都有棉布印染行業。當時主要的印染方法有兩種，一種是用灰粉加入礬中，在白坯布上塗作花紋樣，出缸後刮去灰粉即可。另一種是用木版雕成所需紋樣，用套印方法把布蒙在版上上色。圖中的這塊花布就是用木版套印的方法印染而成的。

水藍印金雜花綾

此綾水藍色，印金。明朝印染絲、棉織品的技術有所發展，用於染色的植物增加到幾十種，政府設顏料局以掌管顏料，成立"藍靛所"負責印染皇家服飾。

> ***機戶：**民間從事紡織業生產的人，他們擁有自己的紡織機，織機數量由數張到十多張不等。
>
> **小辭典**

③ 製瓷業中心景德鎮

中國是瓷器之國,製瓷業有着悠久歷史。宋朝的瓷器生產,發展出"六大瓷系",各有特色。到了明朝,景德鎮是全國的製瓷業中心。景德鎮自然資源豐富,又得益於前朝幾百年的發展,其生產技術及規模均處於全國的領先地位。

官窰瓷器

明中期前,瓷器的製作以官窰為主,無論在產品數量及水平上,官窰都領先於民窰。官窰條件優越,用料考究,不惜工本,集中了最優秀的匠人,所以其產品高貴典雅,具有宮廷藝術風格,官府所需的瓷器主要由官窰燒製。

不同時期的官窰製品有不同的特色。永樂年間,以青花、釉裏紅最精美,既供給宮廷使用,也用來饋贈外國使者。成化年間(1465～1487),瓷器重纖巧細膩。嘉靖到萬曆年間(1522～1620),官窰以燒製大型器為主。明中晚期後,宮廷和出口需要量劇增,官窰常常把任務派給民窰,所以後期的官窰器大多出於民窰。加上商品經濟發展,官窰的工匠紛紛以銀代役,官窰於是逐漸衰落。

景德鎮的興起

與官窰相反,民窰在明中晚期發展迅速,數量激增,最著名的製瓷中心景德鎮(今屬江西)有民窰九百多座,從事製瓷業者達十多萬人。景德鎮之所以能成為全國的製瓷業中心,是因它有得天獨厚的自然資源 —— 高嶺土,這是一種十分優質的黏土,由於它在景德鎮一個叫高嶺的地方出產,因而得名。在產量及工藝技術方面,景德鎮積累了五代、宋、元的經驗,在明朝達到了高峯,那裏燒造的薄胎純白器、青花以及各種顏色釉等可以與官窰分庭抗禮,甚至超過官窰的水平。

鯉魚身施黃彩,覆以紅彩,真實感強烈

五彩魚藻紋蓋罐
這是官窰青花五彩中的名品,體積碩大,畫法古拙,設色明快。八尾紅色鯉魚姿態各異,極其醒目;以荷蓮瓣紋與蕉葉紋作配飾,構圖豐富。

在海水中嬉游的蟾蜍

創新品種及製瓷技術的改進

景德鎮的瓷器創新品種多，燒製難度高；而且築窰技術的改進，對提高瓷器的質量意義重大，這都使景德鎮穩佔明朝製瓷業的圭臬地位。景德鎮創製的瓷器中，有成化時期的鬥彩，這是一種釉上彩（從單一到五六色均有）和釉下青花的結合，是彩瓷技術的一次飛躍。景德鎮的單色釉瓷器也取得了巨大的成功，其代表作品有寶石紅和霽藍。至於純正的孔雀綠、黃釉，高質量的白瓷也是景德鎮的精品。而薄胎瓷器薄如紙，是製胎技術的突破。

景德鎮改進了築窰技術，提高窰內的熱利用率，窰內溫度分佈更為平均，大大提高了產品質量。

釉裏紅纏枝牡丹紋軍持

這件軍持是洪武年間的製品。軍持為梵文譯音，是僧侶的飲水和盥洗器。這類瓷器屬外銷瓷，出售到亞洲、非洲和歐洲許多國家。東南亞國家出土有大量元末明初的軍持。

釉裏紅三魚紋高足杯

這件宣德朝的高足杯非常清雅，通體白釉，上繪鱖魚紋，釉裏紅色澤鮮艷，呈寶石紅色。

青花無擋尊

這件瓷器與中國的瓷器造型不同，甚具外國特色。

素三彩海蟾紋洗

這件彩瓷運用綠、白、黃三色，色彩和諧。綠釉顏色鮮明，稱為孔雀綠，是正德瓷器的一大特色。

德化窰達摩立像

① 繁華大都會

馴獅使節

明朝中晚期，商業活動的發達改變了社會的面貌，出現引人矚目的變化。最顯著的是大型及中型城市的出現，非農業人口的增多，從商者成為社會上的富有階層。尤其是商業性城市的興起，有論者更視之為資本主義萌芽的開端。中國幾千年固有的重農輕商觀念，此時已有所改變。

《南京繁會景物圖卷》局部
此圖描寫明朝晚期南京市郊商業繁華的景象。南京是明朝的陪都和第二大都市。畫中反映出當時南京城店鋪林立、車水馬龍的景況，可見明朝南方經濟的繁榮和市民生活。

明朝城市的概況

據16世紀曾到中國的西班牙人拉達記載，當時中國的城市總數是一千七百二十個。現代人估計應不止此數。明朝著名城市有三十多個；到中晚期，新型手工業市鎮和商業城市如景德鎮、佛山鎮（今屬廣東）等相繼興起。

當時北京、南京、蘇州、杭州、開封等大城市的人口，都接近或超過一百萬；中等城市的人口約三十至五十萬，小城市的人口多也在十萬上下。

新型的工商城市

城市類型有政治性、軍事性、工商性三種。政治性城市主要是各級政府所在地，如南北兩京、省城等。軍事性城市主要位於邊防重地。工商性城市多位於水陸要衝，其中部分受惠於鹽業和漕運；部分從事地區間的經貿交易，如張家口（今屬河北）的馬市；部分以特產貿易聞名，如杭州的絲織品、松江（今屬上海）的棉紡織品。

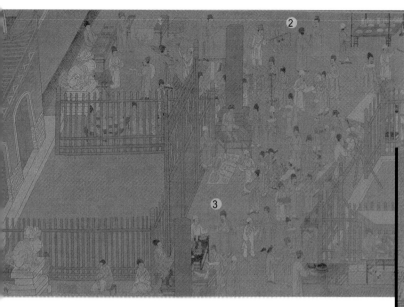

《皇都積勝圖》局部
大明門之前的棋盤街，小商販遍地。從有頂棚、桌子的攤販，到地攤都有。所售貨物紛陳。門內朝貢使節正在馴獅和貢象牙。

貨郎和布販

售賣古玩鞋靴的商販

南北兩京的商業發展

隨着城市的發展，明朝的南北兩京已不僅僅是政治中心。北京方面，北京城向南伸延，在東四、西四牌樓及正陽門外形成了繁華的商業區。明中葉後，行會制度*大大發展，正陽門外會館林立，行業街市集中，這在現今北京地名中仍有所反映，如豬市、米市、花市等。

北京有朝前市、燈市、內市、窮漢市、城隍廟市五大集市，開市的日子非常頻密。市集之內，商賈雲集，貨物品種豐富。

南京方面，位於皇城內鼓樓附近的商業區繼續繁榮，明初有一百零三行，各種匠戶四萬五千戶，以織造和印刷業最為興盛。由於地區之間的貿易頻繁，設立了大量榻房旅邸，供商旅住宿及貯存貨物。朱元璋曾下令造二十一樓作為娛樂場所。

城市眾生相

城市的人口主要是從事各種勞動的平民，為京城提供生活服務的共有一百三十二行。當時城市的寄生人口也不少，據統計，北京城內受管轄的乞丐就達萬人；而宦官、宮女、娼妓、僧道達十萬人。他們的衣食住行也需要從市場上購買，他們的存在為商業的發展提供了條件。

明朝晚期，城市的經濟條件優裕，居民服飾奢華，《續見聞雜記》記閒居官員李樂一日進城，見滿街生員秀才，臉上塗妝，服飾華美，不由感慨"遍身女衣者，盡是讀書人"。

*行會制度：指由從事同一行業的工商業者聯合起來的團體，他們或通過行規以壟斷技術，防止競爭；或當遇上對本身行業的不公平情況時，集合力量共同對付。

小辭典

城市及商業的發展

② 運河沿線的新興城鎮

明初定都南京，糧食直接取自江南。遷都北京後，距離經濟發達的江南地區甚遠，南糧北調的漕運，成為明政府的生命線。因大運河在南北經濟交流中起着重要作用，其溝通南北的樞紐地位因此凸顯，明朝歷任皇帝都致力於運河的疏濬和保護，以保證航道暢通。由於南北經濟交流的繁忙，出現了許多處於運河沿線的新興城鎮。

運河沿岸的城鎮

明初修竣漕運以後，隨着南糧北調的實施，沿運河一帶出現了許多發達的工商業城鎮。這些城鎮沿河岸呈帶狀發展，建築佈局頗具特色，商店多將後門沿河，以便進出貨物，前門臨街營業。北京附近的通州，元末因戰亂城毀，只是一個以籬寨自守的小村子，到永樂以後，不僅成為南糧北調的集散地，而且是北京日用消費品的匯集處，逐漸發展為重要城鎮。

大運河及沿岸新興城市的位置

京杭大運河促使沿岸城市興旺，明朝李東陽曾有"城中煙火千家集，江上帆檣萬斛來"之句，可以想見當時商船泊岸的繁華景象。

可乘船進出城門

蘇州盤門

蘇州是水城，需要靠水陸城門往來河道與陸地之間，蘇州共有八座水陸城門，盤門是其中之一。

運河上的古橋

典型的運河城市

臨清是運河通往北京的重要轉運點，政府在此設有徵稅的鈔關。正因其地位的重要，明中期開始築城，後又有擴建，在城西南形成商業區。

漕運的興盛直接帶動了手工業的發展。臨清的磚業、毛皮業和造船業是與運河運輸直接有關的三大行業。在臨清有燒磚窰三百八十四座，皇家的建築用磚都是臨清的產品，當時規定每艘漕船必須搭載四十塊磚入京。毛皮業是臨清另一大行業，約有七十餘家，產品主要有珍珠皮、灘皮，均是進貢朝廷的貢品；還有流行於民間的千張皮，是用貢皮的碎片加工製作的。此外，臨清還是北方主要的糧食集散地，是全國最大的糧食交易市場之一。至明晚期，臨清居民已有三萬多戶，約數十萬人，躋身中等城市的行列。

長江三角洲

沿河設衛

明初禁止海運，於是河漕興起，朝廷為保護河道及漕運的暢通，便選擇在運河沿線設衛。其中天津衛就是在這種形勢下出現並發展起來的，其管轄範圍由運河沿岸直到德州（今屬山東）。天津的三岔口是南北貨物的集散地，也是該地最早的商業中心。

嘉興煙雨樓

嘉靖二十七年（1548）嘉興知縣疏濬運河，將挖出的淤泥填入南湖，形成小島，重建了這座五代時期的名勝。

③ 貨幣新主流 —— 銀幣

明朝流通的貨幣有三種，分別是銅幣、紙幣和銀幣。雖然中國並不盛產白銀，需要從國外進口，但三者之中，銀幣是明朝流通最廣泛的貨幣，價值也最穩定，紙幣因不能滿足商品經濟發展的需要，逐漸被淘汰。銀幣為主、銅幣為輔的貨幣制度的形成，對商業發展具有積極意義。

紙幣與銅幣

紙幣 "大明通行寶鈔" 在明初發行，是當時的主要貨幣。寶鈔面額有六種，一貫最大，值銀一兩；四貫值金一兩。百姓可按此比價以金或銀向政府兌換寶鈔，寶鈔持有者卻不能向政府兌換金銀，這種模式始自元朝的中統鈔，紙幣成為純粹的價值符號，也是紙幣發展的新階段。寶鈔在最初流通的二十年比較穩定，但這種貨幣完全由政府強制執行，此後紙幣不斷貶值，至明中期已不普及。

銅幣也是自明初開始鑄造，但一直只是作為輔幣使用。明朝的銅幣既有洪武、永樂等各朝所鑄的 "制錢"，又有開元、淳化等 "前朝舊錢"。此外，還有大量民間私鑄之錢。由於私鑄銅幣摻雜鉛錫成分，與 "制錢" 混行，致使銅幣價格跌幅甚大。明朝末年，白銀一兩竟可兌換銅錢六千文。

銀幣的大量流通

春秋戰國時期已經出現銀幣，唐宋時大量採用，金元時成為主要貨幣。明初，政府為了推行寶鈔，嚴禁民間用金銀交易，但收效不大，商業的發展決定了白銀的地位。後來政府放寬了對銀錢的禁令，白銀成為主要貨幣，即使民間的少量交易也用銀。明中晚期，推行一條鞭法*，計畝徵銀，賦役也改折銀兩交納，白銀的使用更加普遍。

印有 "偽造者斬" 字樣

大明通行寶鈔

這是明初通行的主要貨幣，由首都南京的寶鈔局督印，分為六種。這種一貫的寶鈔，面額最大，也是中國歷史上尺寸最大的紙幣。可是，由於政府濫發紙幣，導致寶鈔貶值，明朝中期以後，人們已很少在交易中使用。

白銀的來源與價值

明朝的白銀有兩個來源:一是由官、私銀礦開採,二是對外貿易的順差,使白銀進口到中國,後者是白銀的主要來源。中國的白銀礦藏不多,雖然政府着力開採,仍不能滿足市場需要。16世紀,美洲白銀產量佔世界產量的73.2%,這些白銀中的一部分通過西班牙、葡萄牙商人轉運到澳門,然後進入中國。據估計,16世紀80年代,葡萄牙人每年約把16000公斤的白銀輸入中國。此外,日本也是重要的白銀來源地,在明末的幾十年間,日本共輸出白銀5800萬兩,大部分流入中國。

白銀主要從外地輸入,價格受進出口數量的影響,但白銀本身的質量固定,年久不變,因此其價值較之紙幣及銅幣相對穩定,並未出現大幅貶值。

象牙算盤

算盤最早出現在元朝,到了明朝發展成為商業貿易必不可少的用具。最遲在萬曆年間,已經形成完整的珠算運算法則和口訣。

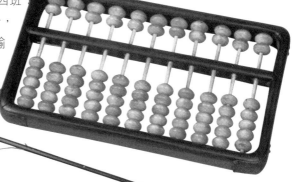

秤砣

戥子

戥子是用來稱量金、銀、藥材等貴重物品的小型衡器。這件戥子杆為象牙質,砣和盤為白銀鎏金,盤底刻"萬曆年製"款,其最小稱量單位為二分,最大稱量單位為二十兩,是當時稱量白銀的工具。

金花銀

明政府自正統元年(1436)起,規定江南田賦改為折銀徵收,謂之"金花銀"。每年由地方政府將徵收的散碎銀兩鑄成銀錠,上繳中央戶部。此錠金花銀是萬曆年間福建上繳戶部的五十兩銀錠,其凹面刻有地方名稱、稅別、重量、內耗及有關官員和銀匠姓名等內容。

建文元年應天府銅權

權是衡器的一種,俗稱秤砣,是商業活動中必不可少的工具。權一般用銅、鐵、石等材料製造,這枚銅權是建文元年(1399)由南京應天府製造的。

漢源古銀錠

明朝的白銀以秤量貨幣的形式流通,通稱銀兩,基本上可分為碎銀、銀錠和洋銀三種。其中錠分三等,一為元寶錠,重約五十兩,形似馬蹄;二為十兩的中銀錠;三為重三兩至五兩不等的小銀錠。圖中是流通於西南絲路的漢源地區的銀錠。

*一條鞭法: 把明初分開徵收的田賦和力役合併,以畝為單位向每戶徵稅,規定以白銀完稅,使白銀的使用更趨普及。

小辭典

④ 徽州商幫的崛起

在明朝叱咤商界的有十大商幫：徽州、江右、晉、陝、寧波、山東、廣東、福建、洞庭、龍遊，他們以地域或血緣作紐帶聯結起來，帶有傳統農業社會的影子。商幫大部分在明中期後發跡，其中以徽商的發展最具代表性，他們經營範圍廣泛，以鹽業起家者尤多。商幫作為一個特殊羣體影響着明朝社會，無論是從經濟及文化層面來說皆然。

徽商的發展

唐末戰亂，中原大族遷入徽州，人多地少的情況嚴重，出外經商者越來越多。元朝的商業由斡脫商人控制，漢人地位低下，難有作為。許多徽商的家族都是自明朝才開始營商的。經營範圍包括各種生活必需品及奢侈品，由鹽、茶、糧食，到紡織品、陶器和文房四寶都有，其中以鹽業起家者尤多，淮揚鹽業大半操於徽商之手，浙海鹽場幾乎是徽商的天下。此外，經營當鋪、旅館、倉庫的也為數不少。

徽商的業務範圍廣泛，足迹遍天下，運河沿岸的城市當然不在話下，南北兩京，瓜洲（今江蘇杭州、鎮江間）、景德鎮等鎮，江浙、福建、廣東等省，蘇州、松江、揚州等府，臨清、濟寧等州，儀真（今江蘇儀徵）、蕪湖（今屬安徽）等縣，都是徽商經常前往經商的地方。

歙縣明清古街

歙縣位於安徽徽州府。徽州人聚族而居，住宅相互毗連，多用高牆，少窗，據說是為了聚財的風水迷信，也利於防盜。青石板街道因應地形而建，不甚規則。

鹽池刻石圖

徽商經營鹽業佔全國之首，這與明政府的"鹽引"制度有關 —— 有販鹽許可證才可到指定的鹽產區取鹽，並將鹽轉販到指定地區。兩浙鹽場距離徽州府最近，成為徽商獨佔的天下，山、陝商也不能分一杯羹。這幅刻石圖表現了採鹽的過程，工人有的用水斗把含鹽的海水澆灌在池內，有的用刮刨、水銑收鹽，有的用筐子擔鹽。

鹽堆

徽商的影響

徽州俗諺"寧發徽州，不發當地"，是指徽商把賺得的錢帶回家鄉。實際上，明中晚期以來，徽商開始在其經商的地方紮根，在當地修族譜、建宗祠。當時很多徽州大姓落籍揚州，揚州得以興盛，與徽商有直接關係。明中晚期到清初，揚州著名的商人有八十人，徽商佔六十名，山、陝商各十，可以想見徽商對揚州財富的壟斷。

雙重生活標準

對於徽商的生活，人們有兩種截然不同的看法，一種認為徽商生活節儉乏味，另一種認為他們生活豪奢。其實，這是徽商在不同環境下生活的兩套標準。在寄居的城市，主要是江浙地區，徽商為了給人一個商家的形象，使人認為他們有財力，值得信任，於是"盛宮室，美衣服，侈飲食"，順應並推動了當地的奢靡風氣。另一方面，徽商一旦回到地少人多、生計艱難的家鄉，便回復節儉本色。就算是大富之家，也吃得極簡單，不乘馬代步，不養鵝鴨。婦女更是數月不沾魚肉，日以繼夜地幹活，一個月能織出別人要四十五天才織完的棉布。

徽商重視教育

徽商致富後，特別重視教育，藉考取功名提高社會地位。徽商的教育投資多，著述也多，文風大盛。徽州一地在明朝便有三百九十二名進士。徽商又大量收藏書畫，並鼓勵子弟習畫，明末清初由徽州畫家形成的"新安畫派"是中國畫壇上的重要流派。

屋內天井

徽商營商致富的不少，但徽派住宅普遍較樸素。房屋採用青灰色的牆壁，以木料為主要結構，素淡自然。民居平面基本上呈方形，佈局以三合院或四合院佔多數。正屋較長，側面廂房開間狹而進深淺，使天井顯得狹長。

歙縣民居的青瓦屋頂

山牆有的高出屋頂成梯級形，有的呈弓字形，也有的山牆不出頭，循着屋頂的坡度成人字形。

窗欞雕刻

徽派民居在屋宇各部分均見雕刻或繪畫，如門樓、柱礎、樑架、窗戶及欄杆等，有些更精細入微，而成一大特色。圖中這格窗子則有簡單的鏤空圖案。

① 婦女服飾緊追時尚

明朝結束了元朝的統治，衣服的基本樣式仿效唐宋，恢復了漢族傳統。女子的服裝主要有衫、襖、霞帔、背子、比甲和裙子等。此外，婦女大多纏足，穿弓鞋。明早期，服飾尚較儉樸，中晚期以後，隨着經濟起飛，女子的裝束打扮也因生活條件改善而改變。

髮髻及頭飾

明朝婦女的髮髻樣式主要有牡丹頭、缽盂頭，而鬆鬢扁髻的時尚延續至清初。髮髻用簪釵固定，用法有三：最常見的是橫插法，還有斜插法和倒插法。至於數量則依髮髻的高度而定，或是為對稱美觀，都是成雙成對的。明朝的髮釵式樣新穎，可在小小的髮釵上雕出"仙人樓閣圖"，圖案細緻繁縟，工藝複雜；除了髮釵以外，婦女也喜歡穿戴金銀首飾。而採用花絲工藝，以幼細的金銀絲編織首飾，是金銀飾物製作的一大躍進。

繡上圖案的雲肩 **無袖的對襟外套，稱比甲**

穿比甲和雲肩的仕女
本圖可見明朝中層婦女的衣飾配套，所選這三位仕女穿上了雲肩和比甲，是當時流行的服飾。

關於婦女服飾的禁令

明朝皇帝為維護統治階級的特權，對服飾也嚴格區分等級，頒佈了關於百姓衣飾的禁令。婦女不許穿金繡的衣服，大紅、鴉青、黃色也在被禁之列。服裝顏色只許用紫、綠、桃紅及各種淺淡色調；首飾用銀鍍金，耳環用金珠，釧鐲用銀。

不過，社會的發展不是一些死規定所能限制的，這些關於服飾的禁令在明朝中晚期已經成為一紙空文。

中晚明的"時世裝"

明朝中期，婦女追求時尚，南京更是二三年一變，以崇尚淡雅為主流，妓女是潮流的帶領者，"女裝皆踵娼妓"。服裝式樣方面，年青女子流行穿比甲。比甲據說始自元朝，最初是皇帝的服飾，後來流傳到民間。女子又愛用貂皮製成尖頂覆額的披肩，稱"昭君帽"。晚明的女裝，裙幅要大，褶折越多越好。襪與鞋顏色要突出對比效果，襪多是白色及淺紅色，鞋則深紅或青色。裝飾物也十分考究，其中在蘇州流行的象生花更風靡一時。象生花用通草製造，製作精細，與真花無異，每朵數文錢，可戴月餘；花飾以白色為上，黃色為次，最忌紅色。象生花大受女士歡迎，當時連宮中女子也十分喜愛。

明人宮裝圖
圖中妃嬪正用簪釵固定髮髻，身穿明朝常見的上襦下裙，裙子素淡，略有紋飾，腰間細褶，披帛。

命婦服飾

命婦是指受封號的婦人。她們的服裝有嚴格的等級規定，對服裝的質料、色彩、紋樣、尺寸等都有具體的要求。命婦的禮服由鳳冠、霞帔、大袖衫、背子組成，如大袖衫只能用真紅色，霞帔用深青色等。衫的長度規定是前長4尺1寸2分，後長5尺1寸，袖長3尺2寸2分。

梳高髻，左右插上金釵，即橫插法

《詠梅圖軸》中的仕女

這是由擅畫人物的畫家陳洪綬所繪的《詠梅圖軸》，左面梳高髻的仕女回眸顧盼，神情高貴。另一捧花瓶的女子應為婢女，所用髮飾也較簡單。

立體樓閣

樓閣人物髮釵

這兩支金釵是利用花絲工藝編成的，不但營造了立體效果，更有如微型雕塑品。立體樓閣的內外均有造像，或拱手或抱物，工藝之精細，令人稱奇。

樓閣人物髮釵

讀書人形象
明末顧炎武的像。披巾，著圓領袍衫。按例，明朝士人有制度戴儒巾着襴衫，但實際上服飾還是頗多樣。

追新求精的生活

② 等級分明的男子服飾

明朝男子的衣飾與女子一樣，廢棄元朝服飾，恢復穿戴巾帽、袍衫的漢俗，主要以唐宋傳統構成明朝衣冠的基本風貌。與其他時代一樣，不同的社會階層各有不同的服飾限制，男子服飾主要有官員、生員及普通百姓等區別，由頭飾到鞋子，都有不同的規定，從衣飾就可辨別身分。

官員服飾

明朝官員的服飾，一般由烏紗帽、團領衫及革帶組成，通過官服上補子的圖案、官服的長度等區分文、武官員。在補子圖案方面，文職繡禽，武職繡獸，一至九品，各有分別，成為區別官階的標誌。在官服長度方面，文官衣長距地1寸，袖長過手，需再折回捲上至手肘位置。公侯駙馬的衣飾規定與文官相同。武官衣長距地5寸，袖長過手7寸。

士人服飾

明朝讀書人還未入仕途成為官員的，一般稱生員或秀才，他們的社會地位，較一般城市平民和農民高得多，服飾也與一般人不同。他們頭戴冠帽，冠帽以"四方平定巾"為主，也有戴"皂條軟巾"的，後垂雙帶，俗稱"儒巾"，身穿用布絹製造的"襴衫"（上衣下裳相連的服裝），襴衫寬袖，衣襟、繡口、下襬鑲皂綠邊。

平民服飾

明朝對庶民、農民和商人等平民階層的服飾有嚴格限制，其原則是以樸素為主。庶民頭戴"四方平定巾"，巾環不許用金玉瑪瑙；身穿染色盤領衣，但不許用黃色，衣料也只許用綢、絹、素紗，不許用金繡、綾羅、錦綺等高級質料。又不許穿貂皮裘。鞋襪不許裁製花樣，不許用金線裝飾。

明朝又遵循漢朝以來"重農抑商"的傳統，規定農民可以穿綢、紗、絹、布，商人衣着只許用絹、布，不許穿綢、紗。但事實上，農民有能力穿綢和紗的，並不太多，多數農民都只能穿麻棉布衣，商人卻因為較為富裕，反而有條件穿得好些。此外，農民可戴笠子出入市井。

明朝農民的形象
在棉布大量生產以前，農民主要穿麻葛衣服，顏色也較樸素，以黑、藍或褐色為主。明初原來曾規定笠子是農民的專有物，非參加農業生產的人不可隨便戴上，事實上這是對農民的限制。

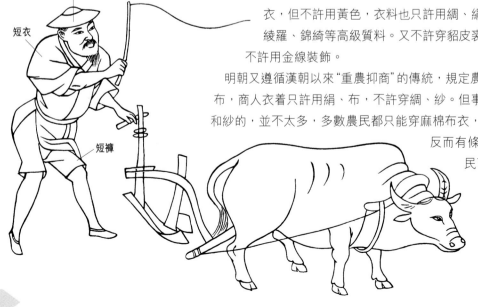

笠子
短衣
短褲

從頭到腳趕時髦

朝廷雖然為各階層服飾定下諸多限制，但到明朝晚期，人們紛紛衝破禁制，爭趕時髦，例如北京及周邊地區就興起"胡風"，男子在冬天戴貂狐皮高頂捲簷的帽子；江南貴公子的服飾則"大類女裝，巾式詭異"；在南京，士人所戴有漢巾、晉巾、唐巾、諸葛巾等十數種，巾上綴玉結子、玉花瓶或兩個大玉環，邊緣飾以皮、金，質地有紗、羅等，甚至有用馬尾織為巾的。鞋子，過去只有雲履、素履，後來有方頭、短臉、球鞋等名目，其色紅、紫、黃、綠，無所不有。

黃鸝補
補子是官服前胸及後背綴有金線和彩絲繡成的徽識。由於皇帝是龍的化身，九五之尊，因此官員便以動物圖案代表不同品級。黃鸝是第八品官員的補子圖案。

雲紋花緞便服
這是明朝官宦人家的便服，出土於江蘇蘇州王錫爵墓，製作精美，用料考究且保存完好。王錫爵(1534～1610)在萬曆年間曾出任內閣首輔，地位顯赫。

《杏園雅集圖卷》
圖中所示為大學士聚會。明朝文官的服飾：烏紗帽、團領衫、補子及革帶十分清楚。各人衣長垂地，袖長過手。

追新求精的生活
③ 富有地域特色的民居

民居是相對於皇居而言的概念，是指一般平民百姓的住宅。明朝人的住宅如同服飾一樣，受朝廷規定的等級制度限制。住宅廳堂的多寡，是由屋主的身分來決定的，高級官員可享用的廳堂多，裝飾豐富，百姓享用的廳堂少，裝飾也較單調。此外，由於受各地不同的風俗影響，不同地區的民居也各有地域特色。

北京明朝四合院
主體佈局為一正兩廂，即在屋子中心是一個正房，東西兩側都有廂房。

漢族住宅的正宗 —— 四合院

四合院是一種延續了兩三千年的住宅形式。這種建築具有強烈的宗法制度的痕跡，宅內嚴格區別內外，顯示尊卑有序；而且重視空間安排，講究對稱，對外隔絕，自成天地。

四合院有兩種平面佈局，一種是大門位於中軸線上，另一種是大門開在東南、西北或東北角。這兩種佈局主要是受自然條件及風水說的影響。例如北方四合院受北派風水學說的影響，認為西北、東南是最吉利的方位，西南是凶方，於是大門開在西北、東南角，西南方不能設門而設廁所。

江南水鄉民居

江南通常指今江蘇南部和杭州、嘉興、湖州一帶。當地民居多沿着地形，自由靈活地興建在流水間隙地，一般前面臨街，後面臨河，建有私用碼頭。為了隔熱通風，這類民居通常屋脊高、進深大、牆身薄、出簷深，裝飾風格則素雅明靜，白牆灰瓦，屋外木構部分也是栗、褐、灰等色，沒有彩繪，惟有樑架門框等飾有少量精致的木、磚雕刻，但亦以塗栗、褐、灰色為主，充分顯示水鄉的素淡風格，與福建、廣東民居明顯不同。

另一方面，江南富商、官僚住宅的規模很大。它們多以封閉式院落為單位，沿縱軸向延展，有的分成幾路，中央縱軸線上建門廳、轎廳、大廳和住房。左右縱軸線上佈置客廳、書房、廚房、雜屋等。客廳及書房前的庭院則開水池，疊山石，種花木，構成幽靜庭院。為了減少太陽輻射，院子採用東西橫長的平面。屋外圍有高大的牆垣，既可阻擋外界的視線，又起到防火的作用。此外，屋主通常會在住宅局部或一側建造花園，這是這類民居的最大特色。

浙江吳興(今湖州)南潯百間樓
浙江是水鄉，民居多是臨水而築，方便平日在河邊洗濯及交通往來，依靠四通八達的水路交通進出城鎮。

私人碼頭，又稱河埠頭

徽派民居

徽派民居是指古徽州地區的民居，分佈在今安徽南部及江西東北部地區。這種建築的基本形式是兩層樓房，以三合院或四合院最為普遍，外面用高牆封閉起來。庭院狹小，成為天井，藉以通風採光。宅內的佈局比較自由，沒有官僚府邸般的拘謹格局。

明朝的徽派民居多為富商所建，以大宅為主，裝飾雅致，除了以木、磚、石雕精美著稱外，對大門也很講究，砌有門樓、門罩，極具氣派。

福建南部的土樓

土樓主要在今福建南部的龍岩、上杭一帶，建築形式源於客家人。客家人從外地遷徙到此，為防禦侵襲，以及適應其聚族而居的習慣，多興建這種以夯土為主體的住宅。土樓住宅以圓形或方形的夯土為承重牆，夯土的直徑可達70多米，高達五層，內有房屋三百多間。一、二層用來作儲藏室、廚房或飼養牲畜，三層以上居住。

歙縣徽派民居

中心建築物為祠堂

土樓住宅

這種土樓是福建特色民居，又稱圓樓。外牆高聳，看上去堅固封閉，惟一的出入口是小小的石拱門。牆身底層不開窗，只在較高的三四層有小窗，除可通風外，更重要的是便於守望防禦。

追新求精的生活
④ 私家園林的興起

明朝是中國古園林建築非常興盛的時期，但明朝帝王苑囿上不及唐宋，下不及清，惟私家園林極盛。明朝中晚期興起造園熱，出現了大批追求精美纖巧、幽雅恬靜的私家園林。

造園活動的興盛

明朝初年，明令禁止官員在宅第建園林，更沒像宋朝那樣，在政府辦公的建築物內建後園，供人員休憩及遊覽的事例。但明朝中葉開始，社會經濟發達，生活向享受方面發展，私人造園興盛起來。江南地區，富有人家競相用太湖石築造園林中的精巧石山；小戶人家無力建園林，也愛裝飾小小盆景。當時，畫家也參與造園。至明末造園名家輩出。有些園林如著名的拙政園，在前代已有基礎，此時的修建向更講究的方向發展。

留園的葉形窗景
窗框在中國園林裏起了裁圖聚焦的作用。

庭院深幾許
走過長廊，可見單獨矗立的大塊太湖石，自成一小景。後面的牆上有心形、瓶形的窗和門，瓶形的門洞後又可見漏窗。幾層曲折，庭院深深。這是蘇州留園的一個小景。留園始建於明朝。

士大夫的情懷

中國人崇尚自然，甚至瑰麗的皇家園林，也以師法自然為尚。宋朝重文，文人士大夫的趣味主宰時尚，他們都以親近山水為雅，因此在宋朝出現不少造園的理念，並且在大為興盛的私人造園活動中得以發揮。明朝的園林建築，繼承了宋朝的傳統，並有所發展。大園要園中有園，對比變化；小園要小中見大，以少見多；做到走一步，換一景，風光隨人的移動而變化；用牆、長廊區隔空間，但又用門窗招入另一個空間的風光，使有限空間顯出無限變化。此外，還要在關鍵處佈置特別的景點，手法包括借園外的美景為園中可見的景點，稱為借景；無論台閣或牆、廊，窗花考究，窗外種花木，稱為窗景；以湖石疊山，不光見山，還營造雪景、枯山水景；花木講究，使四時景色不同；飛虹踏石，使連接在有意無意之間；獨立的湖石講究皺、透、秀、漏，立在園中，當作大盆景欣賞；匾額楹聯，都是詩文精妙、書法美觀的藝術品；樓台亭樹，用色素雅，不奪自然的美色。總之，山環水抱，大景小景，詩情畫意，中國園林藝術此時已十分成熟。

拙政園扇面亭

拙政園初為唐詩人陸龜蒙住宅，元時為大宏寺。明嘉靖年間由官員王獻臣買下寺產，改建為宅園。"拙政"是取晉潘岳《閒居賦‧序》中"拙者之為政"的意思，表示園主對政治心灰意冷，築園以明志，這種精神從園的建造上也有體現。拙政園總面積六十餘畝，園中各主要建築皆在水邊，以橋及長廊相連，進入園內，猶如在平靜的水面穿梭往來，更添閒逸之致。

蘇州滄浪亭

宋朝已大為有名。大片水景都是園外的，在園牆對外一面建亭和廊，把園外的水景借來欣賞。

無錫寄暢園

圖中可見樓台依水而建，小橋石岸，花木扶疏，雖人工山水而有自然之美。

追新求精的生活
⑤ 典雅的家具及室內裝飾

明朝是一個市民文藝與文人高雅風尚相結合的時代，尤其江南更充滿文人化氣息，人們對生活有一份典雅細膩的追求，這種追求滲透到生活的每個細節，其中典雅的明式家具和室內裝飾，既充分體現明人高雅的文化品味，也是明朝工藝發達的標誌。

《韓熙載夜宴圖》的畫案和竹節床

這幅畫雖是唐寅臨摹五代的畫作，但所畫桌椅等是明朝樣式。畫面右面的平頭畫案上放紙筆，長卷展開，有金龍紙鎮，案足角牙有雕鏤或鑲嵌的裝飾，顯得精緻貴重，但並不炫露。男主人翁坐的靠背椅，前有腳踏，而垂足而坐是明人習慣。屏風後一邊有繡墩，另一邊有竹節的架子床，垂着圍帳。以竹做家具，並強調竹上的斑紋，是文人不可居無竹的意趣。

明式家具

唐朝以前，人們席地而坐，家具格式普遍較為低矮。唐朝以後，人們漸漸有了垂足高坐的習慣，家具格式也隨之出現了變化。到了明朝，家具生產及其品種格式、加工工藝、裝飾手段等，均超過以往各個時代，達到歷史上最高水平。這一時期的家具由於具有共同的時代風貌和特色，且製作年代以明朝為主，故稱"明式家具"。

明中期後，江南家具業發達，手工業極發達的蘇州更以家具工藝精湛見稱，現存許多明式家具都是明晚期蘇州製造的。典雅的明式家具是明朝文人化風氣的象徵，也是中國古代家具的頂峯之作。

選材方面，明式家具選材講究，多選用南洋進口的優質硬木黃花梨、紫檀、鐵力、欅木等為原料，其木質堅硬細密，色澤優雅，紋理美觀。

造型方面，明式家具簡潔優美，不雕琢，不裝飾，充分顯示其優質硬木質地、色澤、紋理的自然美。

工藝方面，明式家具與古建築一樣是用木構架，用卯榫接合，這是最大的特點。至於利用牙子、卷口、銅活，起畫龍點睛的作用，既可裝飾，又有實用功能。

品種方面，明式家具有椅凳、桌案、床榻、廚櫃、台架、屏座等。其造型豐富，據統計有一百多種。

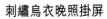

刺繡烏衣晚照掛屏

金陵(今南京)著名懷舊景點——烏衣巷的景色，用藍、白、紅、黃、金各色絲線繡出，繡品既是明朝上乘之物，作為掛屏放在室內，在簡潔的家具間，成為觀賞的焦點。

室內裝飾

明朝的富人及文人對居室裝飾極為講究，尤其喜歡追求一種素淡的感覺，他們對牆壁和窗子的裝飾就是典型例子。

明朝文人認為，油漆是俗物，要使書房的牆壁有瀟灑的感覺，切忌油漆，上着是將書房的牆壁刷上石灰，磨得極光，其次則用紙糊（有點像現代的牆紙）。而對牆壁最具匠心的裝飾，是用紙貼出冰裂紋的哥窰瓷器的效果。至於窗子，則可以藉窗外山水，將窗框偽裝成畫幅；或取枯木數莖，置作天然之牖，名為"梅窗"。

竹刻松鶴筆筒

竹根所刻，形狀天然，癭節密佈。順着天然形狀所刻的松、竹、鶴都是文人寄托高雅心意的傳統對象。

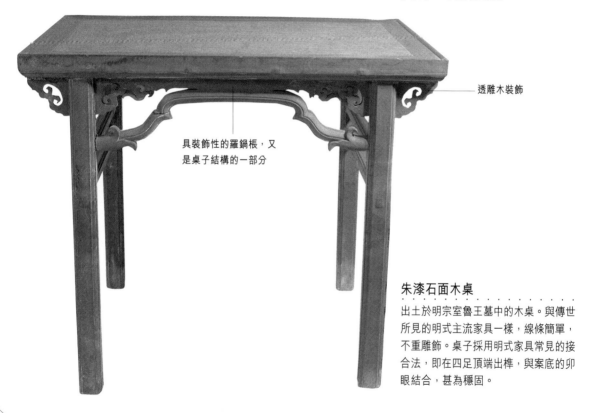

透雕木裝飾

具裝飾性的羅鍋根，又是桌子結構的一部分

朱漆石面木桌

出土於明宗室魯王墓中的木桌。與傳世所見的明式主流家具一樣，線條簡單，不重雕飾。桌子採用明式家具常見的接合法，即在四足頂端出榫，與案底的卯眼結合，甚為穩固。

糊上花紋紙作裝飾

漆地描金棕竹涼枕

竹是江南人家居室用品常用的材料，這與江南氣候和文人意趣有關。竹枕左右兩部分展開後可供雙人使用，在設計上頗見匠心，但原有的漆地及描金圖案已剝落。

① 平民化的宗族制度

宗族（由族長管理）

房族（由關係較親密的個體家庭組成）

個體家庭

宗族制度的社會組織關係圖

宗族是指同一祖先同一族屬的羣體，它既是血緣性的組織，又是政治性的組織，無論貴族或平民都有自己的宗族。唐朝末年，門閥士族制度雖然徹底崩潰，但一般平民的宗族制度卻繼續發展，到明朝更進一步完善和強化，出現祠堂、家譜、族規、族長制等完整的制度。

聚族而居

宗族以血緣關係維持，維繫血緣關係的最好方法就是聚族而居，因此同一祖先的男性子孫世代居住在一個或相鄰的幾個村落，就成為宗族最明顯的特點。然而，因為時代久遠，人丁繁衍，同族之間也有親疏之別，於是就按五服制*加以區別，同在五服的親屬，關係較為密切的，住處一般較為接近。如果人口成百上千，宗族間還會分出房，即各支，這樣，宗族就由宗族、房族、個體家庭組成，由族長來管理。

祭祀祖先

祭祀祖先是中國人的傳統觀念，也是維繫宗族團結的重要方法。祭祖儀式在春、秋兩季舉行，十分隆重，全體族人沐浴齋戒後匯集在祠堂，在族長或宗子的主持下祭拜祖先。完畢後，族人聚餐，聯絡感情。

祭祖既然如此重要，對於祭祀幾代自然是有等級規定的，例如士大夫可祭祀四代，一般百姓則只許祭祀兩代。明朝晚期，這個規定有所改變，三品以上官員可立廟祭祀五世祖先，四品以下祭祀四世祖先。平民百姓可同姓各支聯合祭祀始祖，發展成為大宗祠。宗族組織在明朝晚期開始有很大的發展，對此後中國人的社會生活產生了深遠的影響。

湖南聚族而居的張谷英村

家族的象徵 —— 祠堂

在宗族制度裏，每個家族都有一個或幾個祠堂。祠堂是祭祀祖先的場所，也是族人議事的地方。祠堂分皇帝的太廟、品官的家廟和百姓的祠堂三種形式，每種形式的建築規模等級有明確的規定。例如祠堂建築就規定只有三間房，但人們往往突破規定，其中徽州祠堂建築規模龐大，營造華美，就是典型例子。

宗族血緣的記錄 —— 宗譜

宗族既然靠血緣維繫，就需要有清晰的血緣記錄作為憑證，確認身分和長幼尊卑，於是出現了"宗譜"。明朝宗譜在體例上繼承了宋朝歐陽修創立的歐譜及蘇洵創立的蘇譜，又有所發展，內容包括：譜序、世系圖、世譜、家規、家儀、誥敕、詞章等，有些還有名錄、居址世考、祠墓誌等內容。修譜是宗族的一件大事，短則十年一修，長則三十至五十年一修，以定期更新資料。

明朝流坑村大宗祠遺址的石柱

江西流坑村董氏分支宗祠

這所祠堂是議事場所，內置祖先牌位，是聚族而居的村落的重要建築。

家規

流坑村董氏的家規，刻在木欄板上，期使族人永誌不忘。圖中所寫的是明朝極流行的朱子治家格言的內容："黎明即起，灑掃庭除"等。

天將興吾家事業

*五服制：古代的喪服制度。這種觀念自孔子已有提及。喪服依親疏之別而有不同規定，服喪期的長短也不同，有斬衰、齊衰、大功、小功、總麻五種名稱，統稱"五服"。

小辭典

徽州牌坊羣

牌坊是一種具有表彰意義的建築物，以表揚孝行、義行及烈女等為主，有的由朝廷頒賜，有的是後人興建，它對宗族制度而言，起着團結族人、慎終追遠的作用，具有等同於祠堂的重要性。

牌坊為中國特有的門洞式建築，在各地並不少見，但沒有一處的數量堪與徽州（治今安徽歙縣）相比。經商致富的徽州人注重以程朱理學教育子弟，因此理學所提倡的禮教觀念在這裏產生深刻影響，族人為追念先輩德行，興建大量牌坊，這固然與徽州商人的雄厚財力有關，但主要還是歸因於當地人對禮教和宗族觀念的恪守。

僅在徽州歙縣，曾建四百多座牌坊，今存一百零四座，包括節孝坊三十五座、忠義坊三十座。在徽州歙縣棠樾村有當地頭等宗族鮑氏家族的七座牌坊，其中三座建於明朝：慈孝里坊、鮑燦坊、鮑象賢尚書坊，前兩者是表揚孝行的，後者則紀念科舉成功為家族帶來的榮譽。這些牌坊對鮑氏宗族的團結有無形的強化作用。

慈孝里坊及鮑燦孝子坊

慈孝里坊建於弘治十四年（1501），是為了表彰朝廷官員鮑壽孫父慈子孝的行為，鮑氏及其父在元末戰亂中被捕，亂軍要殺掉其中一人，父子倆爭着赴死，猶幸最終二人得以保命。坊上有御賜題額"御製"及"慈孝里"。其後是建於嘉靖十三年（1534）的鮑燦坊，鮑燦因為母口吮膿疽而獲表揚。

鮑象賢尚書坊。鮑象賢是嘉靖名臣，此坊建於天啟二年（1622）　　　　　聽步亭，建於隆慶年間（1567~1572）

棠樾牌坊羣

在鮑氏祠堂通往聚居村落的路上，樹立着七座與鮑家有關的牌坊，樹立的目的是表揚孝義、貞節、功名等。

許國石坊上的雕飾
牌坊內外四面寫上"大學士"、"恩榮"等字，表現了傳統社會所追求的事業理想。

許國石坊
這個牌坊亦在徽州府內。牌坊最特別的是四面八柱，成一立體長方形，這在牌坊中顯得很獨特。這牌坊也是科舉登第、位居大學士、尚書、太子太保的許國顯赫榮耀的表現。

消閒與藝術

① 傳奇——明朝戲曲的主流

世界上有三種古老的戲劇文化,一是希臘的悲劇和喜劇,二是印度梵劇,三是中國的戲曲。明朝是中國戲曲藝術的黃金時代。明中期後,江南經濟發展,城鎮居民增多,戲曲表演藝術有充分的物質條件及觀眾需求,在前朝成熟的基礎上向高峯期邁進。明朝戲曲有傳奇及雜劇兩種形式,皆承續宋元的戲曲傳統,並以傳奇為主流。明清時代,上述兩種戲曲作品有名目可考者達四千四百種。

《南都繁會圖卷》的臨時戲台

在明朝,戲曲深入民間,極受歡迎。市集中常有藝人在搭建的草棚中演出。看台也是臨時搭建的,觀眾或站或坐在看戲。

傳奇與雜劇

傳奇來自村坊小曲、里巷歌謠,是一種唱、唸、做、打相結合的綜合藝術,也是繼元雜劇後最有魅力的中國古代戲劇藝術形式。

傳奇興起於經濟繁榮的南方,是指當時活躍於舞台的海鹽、余姚、弋陽、昆山等聲腔及由它們流變的諸腔演出的劇本。明晚期,傳奇創作進入極盛期,既有歷史題材及帝王將相故事,又從現實取材,出現了衝破禮教束縛,爭取自由戀愛的作品,其中以湯顯祖的《牡丹亭》為代表。傳奇在宮廷、官僚府邸及民間的廟會草台等都有演出,成為劇壇的主流。流風所及,良家子弟也樂為"倡優",稱"戲文弟子"。

雜劇在元朝已經成熟,明初仍然流行,但已成為宮廷及官方提倡的正統,創作只重宣傳倫理道德,並無創新,故遠不如在南方興起的傳奇成就顯著。不過,雜劇在藝術上也有發展,仍有一定的捧場客。

傳奇的唱腔

明朝傳奇主要唱腔有弋陽腔、崑山腔等。弋陽腔出自江西弋陽,以鼓擊節,一唱眾和,適合高台曠野的演出,符合百姓的欣賞口味,但文人雅士視之為粗俗。崑山腔起源於蘇州,獲文人的喜愛。明中期,著名音樂家魏良輔成功改革崑山腔,使其輕柔婉轉,適合清唱。稍晚的梁辰魚又將崑山腔與戲曲藝術緊密結合,使崑山腔成為最受歡迎的劇種,官僚富家的"家樂"演唱主要用此崑山腔。

在後台準備的演員　　　　　　　　　　　　　向觀眾售賣糕點的小販

《憲宗元宵行樂圖卷》的表演藝人

皇宮外正有一隊穿上各式戲服和上了妝的表演者正準備入宮。

戲曲演出

戲曲受到社會各階層的愛好，不論是皇室貴族的宴會，還是百姓在廣場、廟台舉行的活動，皆不乏戲曲表演。宴會中的戲曲表演，主要是在廳堂、庭院、花園及風景名勝地舉行。廳堂演戲的形式是三面設席，中間鋪一塊紅地毯作為表演場地，樂隊在地毯後方或左方伴奏。富人家中甚至養有專業演員。

民間演出活動則是另一番景象。在各種民間信奉的神祇的生日、四時節令等都有戲曲演出，甚至成為各種廟會的主要項目。戲台有臨時搭成的，也有固定的，固定的戲台如神廟中的戲台、會館中的戲台等。在演員方面，民間有"江湖班"，既在廟會、會館等處演出，也可應邀在官紳家演出。演員的行頭（服裝）越來越時髦，生活中的服裝被引進到舞台，戲曲臉譜也在演出中豐富和定型。直到今天，戲曲舞台上的服裝仍是明朝服裝。

明朝刊本《劉漢卿白蛇記》插圖

明成化說唱刊本

明朝戲曲，是以南戲為主，南戲長短和造曲用韻都比較自由，符合大眾的要求。這是戲曲的曲辭文本。

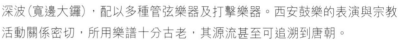

消閒與藝術

② 官民娛樂方式的世俗化

隨着商品經濟的蓬勃，市民階層的壯大，社會上逐漸產生一種較為世俗、平易的"市民文藝"，影響所及，宗教氛圍濃厚的年節喜慶活動，被改造為單純的歌舞昇平，宮廷雅樂極不發達，皇帝更熱愛民間俗樂。文人雅士熱衷於傳奇以至通俗小說的創作與欣賞，這種世俗化的市民生活構成明朝社會的獨特面貌。

世俗樂曲

明朝世俗音樂興盛，福建南管、潮州音樂、西安鼓樂、五台山寺廟音樂、智化寺京音樂等合奏音樂流傳至今，成為民樂的重要組成部分。南管現在流行於閩南方言地區，自明朝流傳下來的套曲六十四套，散曲達一千首以上。潮州音樂的源頭可追溯到明朝，最具特色的樂器是嗩吶、潮州二弦、深波（寬邊大鑼），配以多種管弦樂器及打擊樂器。西安鼓樂的表演與宗教活動關係密切，所用樂譜十分古老，其源流甚至可追溯到唐朝。

除了演奏方法簡樸外，流行曲的歌詞幽默、率真，是世俗化的表現，例如河南流行曲《泥捏人》："傻俊角，我的哥，和塊黃泥兒捏咱兩個，捏一個兒你，捏一個兒我，捏的來一似活托，捏的來同床上歇臥。將泥人兒摔碎，着水兒重和過。再捏一個你，再捏一個我。哥哥身上也有妹妹，妹妹身上也有哥哥。"

熱鬧的廟會

廟會是設在寺廟或其附近的集市，通常在節日或規定日期舉行。明朝的廟會不僅是宗教活動，而且與商業及娛樂活動結合在一起的，是市民文藝的一種反映。在北京，每逢初一、十五、二十五日，就有廟市。以文房古董為主的各種商品，擺在城隍廟前，一直延伸到刑部街上。此外，每年四月八日的浴佛會也十分熱鬧，從西直門外到高梁橋，從歌舞雜技到戲劇表演，應有盡有。同時還有耍戒壇秋坡，秋坡是戒台寺附近的地名（今戒台寺及其附近），從四月八日起到十五日，僧俗匯集於此，全城妓女雲集，俗稱"趕秋坡"。

《憲宗元宵行樂圖卷》中的牌坊燈

《憲宗元宵行樂圖卷》局部
圖中可見各種雜技、幻術、蹴鞠等表演。

宮廷年節娛樂

每逢重大節日，明朝宮廷都會舉行娛樂活動。立春前一日，順天府在東直門外舉行"迎春"儀式，文武官員要進行賽馬。元宵節時，皇帝、後宮嬪妃及內臣等在乾清宮殿前台階上放七層牌坊燈，或在壽皇殿放高達十三層的方圓鰲心燈。屆時，近侍上燈，鼓樂齊鳴，煙花盡放，熱鬧非凡。清明節時後宮各殿放鞦韆架以供娛樂，皇帝則到回龍觀等處踏青。端午節，帝后在西苑觀看龍舟比賽。《憲宗元宵行樂圖卷》詳細描繪了成化二十一年(1485)的一次宮廷演出，各種雜技、幻術、蹴鞠等表演畢陳，氣氛歡快。

普羅大眾的節日樂趣

明朝人的許多節日娛樂源自傳統，但加入了更多世俗味，以單純的娛樂色彩沖淡宗教迷信氣氛。正月裏依然是舞獅子、耍龍燈、逛花市(明朝始出現在廣州)等，放鞭炮也是不可或缺的節目。元宵節期間，各地都有賞燈活動，北京的燈市有歌舞雜耍、商品交易等，通宵達旦；婦女則結伴夜行，稱"走百病"。三月清明節，郊外踏青、折柳插門、打球蹴鞠、盪鞦韆、放風箏等，豐富多彩。端午鬥龍舟鬥草、七月半設盂蘭盆會放河燈、重陽登高、冬至的冰上遊戲等，一直延續到今日。

民間的表演藝人
畫上有表演雜技、音樂、戲劇的人物，還有侏儒藝人。

彩釉瓷樂俑
嗩吶具體的傳入時間不可考，大約是金元時傳入，明朝廣為流行。

消閒與藝術
③ 文人畫流行的時代

明朝畫壇以受市民文藝影響的文人畫為主，並且伴隨社會經濟的發展，出現了許多以地區為中心、或以風格相區別的繪畫派系，其中明中期的吳門畫派大師最多，影響最大。在繪畫藝術盛行的同時，與之共通的書法藝術也有很高成就。

商業支持的繪畫藝術

繪畫的發展與商業的興旺有密切關係。在經濟發達的地區，人們的生活較為富裕，可以騰出較多時間思考或從事藝術創作。此外，隨着商品經濟的發展，明朝的繪畫作品已經是市場上的商品之一，在一些富庶地區，有錢人買畫，畫家賣畫，各取所需，文人的生計因而得到保證，於是職業畫家應運而生，全力盡心於繪畫藝術。這就是著名畫派往往崛起於富庶地區的原因，例如明中期的吳門畫派，興起於富甲一方的蘇州，明晚期的松江畫派，發端於新興的商業和手工業重鎮、有"衣被天下"之稱的松江府。

文人畫派盛行的時代

明朝是一個畫派盛行的時代，繪畫風格以文人畫為主。整個明朝，大抵由三個畫派輪流支配畫壇。早期以浙江和福建人為主的宮廷畫派"浙派"為主流，以戴進和吳偉為代表，師承南宋院體風格，以繪花鳥、山水為主。中期以文徵明等為首的"吳門畫派"為代表，積極發揮文人畫精神。晚期以同樣倡導文人畫的"松江畫派"為盟主，以董其昌為代表，矯正吳門畫派末期繪畫作品的靡麗纖弱之風，主張摹古、重筆墨、追求"士氣"。

以地區為中心的吳門畫派

吳門畫派是以富庶的蘇州地區為中心發展起來的，是明中期畫壇的主流。它以沈周、文徵明、唐寅、仇英為代表，繼承宋、元講求士氣逸格、縝密秀雅的文人畫傳統，取代明初注重形似和技巧的宮廷畫派，着力描寫江南風景及文人生活，抒發優遊林下、淡泊仕進的情懷。除了繪畫以外，吳門畫派大師又精通書法，祝允明、文徵明、王寵被稱為"吳門三家"，他們以小楷成就最高，草書傳世最多，書評家稱譽為明中期後"天下書法盡歸吳門"，吳門畫派的繪畫與書法在當時的影響不言而喻。

唐寅《洞簫仕女圖軸》
明朝著名的人物畫家首推吳門畫派的唐寅和仇英。唐寅多繪古今仕女及歷史故事，筆下的仕女形象優美。畫中仕女以纖纖十指撫玉簫吹奏，神情專注，儀態優雅，頭飾衣服色彩艷麗。

沈周《京江送別圖卷》

沈周擅繪粗筆畫，圖中的遠山，筆法蒼勁，墨色渾厚，可為典型；近處則以細節取勝，有板橋、楊柳、桃花，而岸邊數人與舟中人遙相拜揖，應是送別友人啟程。在大江空闊、遠山起伏的環境中，別具感染力。

明朝繪畫流派		
時期	代表畫家	風格特色
明早期（洪武至弘治，1368～1505）	宮廷畫家為主，多浙江及福建人如戴進、吳偉等，故稱"浙派"。	承南宋院體風格，以花鳥、山水為主，人物畫多寫皇帝肖像及皇宮行樂生活，稱"院體"。戴進以繪山水尤佳，健拔勁銳；吳偉的山水以奔放磅礡見長。
明中期（正德至萬曆，1506～1620）	沈周、文徵明、唐寅、仇英等蘇州畫家，稱"吳門畫派"。	繼承宋元文人畫的傳統，描寫江南風景及文人生活，抒發優遊林下、淡泊仕進的情懷。
明晚期	董其昌、徐渭、陳洪綬，稱"松江畫派"。	董其昌擅畫山水畫，矯正吳門末期繪畫的靡麗纖弱之風，主張摹古、重筆墨、追求"士氣"。徐渭擅畫花鳥寫意畫。陳洪綬的畫作以誇張變形的人物畫為主要特色，格調高古，富有裝飾味及金石味。

明朝書法流派		
時期	代表書法家	風格特色
明初	宋克	以健美見長
永樂以後	沈度	台閣體為主
明中期以後	祝允明、文徵明、王寵	祝允明講求師從古法再作創新。文徵明以功力見長。吳門三家以小楷成就最高，其草書傳世最多。
明晚期	徐渭、張瑞圖、董其昌、米萬鍾、黃道周、倪元璐等	徐渭的行草縱橫馳騁，張瑞圖書風奇異，董其昌生拙秀雅。從黃道周、倪元璐、王鐸、傅山等的書法中可見明朝末世對文人風格的影響。

款署"徵明"

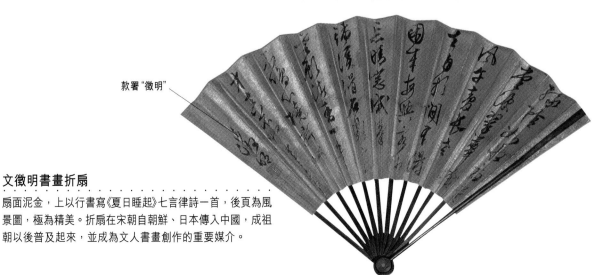

文徵明書畫折扇

扇面泥金，上以行書寫《夏日睡起》七言律詩一首，後頁為風景圖，極為精美。折扇在宋朝自朝鮮、日本傳入中國，成祖朝以後普及起來，並成為文人書畫創作的重要媒介。

科舉是教育重心

① 科舉考試與應試教育

在實行以科舉選官的社會中，"萬般皆下品，惟有讀書高"得到完全體現。中國的科舉制度始於隋朝。明初，太祖通過薦舉網羅人才，又逐步確立科舉制度及創設國子監，並成為定制。入學讀書，後考科舉，是平民百姓進入仕途的主要途徑，也是讀書人的既定道路。明朝科舉以八股取士，雖然受到後世批評，但無可否認的是，考試形式因此走向規範化，減少了人為因素，較客觀公正。

學校系統與科舉

明朝的教育是與科舉緊密結合的。學校教育包括民間教育和官方教育。民間教育屬於啟蒙教育，是為今後進入官學作準備的，使用的教科書有《百家姓》、《千字文》、《千家詩》等啟蒙讀物，還有《孝經》、《論語》等儒家經典，這是儒家思想教育之始。學業優秀的，可入官學，成為生員(秀才)。官辦學校有兩級，初級是府、州、縣的儒學，高級則是南、北兩京的國子監。進入國子監後，縱使不能通過科舉考試，也可能得官。據統計，在校生員的數量，估計有三萬五千人，如果加上附生，人數應達五萬，佔全國人口的0.1 ~ 0.2%。

應試教育及考試內容

官學課程除"四書"、"五經"外，還包括明朝的法律文件及官場須知等，從各方面為當官做好準備。科舉由各級政府舉辦，考試分鄉試、會試、殿試，以淘汰形式進行。由鄉試開始，考生便全部以八股文答卷，而八股文的出現，使教育完全被考試內容和形式所牽制，考試成為教育的目的。由於八股文的考試題目都是從儒家經典"四書"中摘錄出來的，答卷的內容也必須根據宋朝朱熹《四書集注》等為標準，不許考生自由發揮。

規範化的科舉制度

其實，科舉在明初的百年間未行八股文，到憲宗後才開始的。八股文雖受後世批評為形式僵化，但這種格式化的答卷形式，可令考官有一種相對固定的評卷標準。可使考試的評分標準較客觀公正，減少了人為因素的偏頗。

明朝的科舉考試，形式上是成熟的、規範的，這應視作一種進步。此外，明朝的科舉也實行了彌封的方法，以防徇私作弊。

但科舉的客觀性也有例外的時候。會試後的殿試，是科舉的最後一關，由皇帝親自在謹身殿監考。皇帝會主觀地就考生的聲音、相貌的好壞，決定一個人的名次。例如永樂二十二年(1424)的會試，第一名是孫曰恭，但"曰恭"二字豎排起來像"暴"字，引起成祖的厭惡，決定改取邢寬為狀元，因其名讀起來像"刑寬"。

學校系統詳情

民間學校

一般是家族或私人的辦學組織，為孩童提供初級教育。

● 私塾	塾師自設的收費學館，收生沒有定額，主要教學生識字。
● 家館	富有人家延聘名師教導子弟，水平高於私塾。
● 義學	用祠堂、廟宇的收入或私人捐資興辦的免費學校
● 族學	宗族為貧困子弟提供的免費教育

官辦學校

官學由政府設立及管理。明朝在每個府、州、縣各設學校，學生可參加科舉考試，也可被推薦到國子監讀書。學子只要年滿十五歲或以上，對《論語》、《孟子》及"四書"有基本認識，通過面試便可入學。

● 府學	全國共140所
● 州學	全國共93所
● 縣學	全國共1138所
● 國子監	全國最高學府，南北兩京各設一所，學員可參加科舉，也可直接做官。

科舉考室

科舉考室稱"貢院"，這是位於南京的科舉考場，房間很小，密密麻麻地並排一起。考生考試，甚至吃喝起居都是在房間裏，三天不能出來。

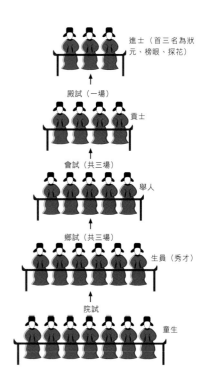

科舉考試的進階

進士（首三名為狀元、榜眼、探花）

殿試（一場）　貢士

會試（共三場）　舉人

鄉試（共三場）　生員（秀才）

院試

童生

格式	內容要求
破題	用兩句說破題目要義
承題	承接破題的意義加以闡明
起講	議論的開始
入手	起講後的入手處
起股、中股、後股、束股	正式的議論

八股文的內容格式要求

八股文以中股為全篇議論的重心。

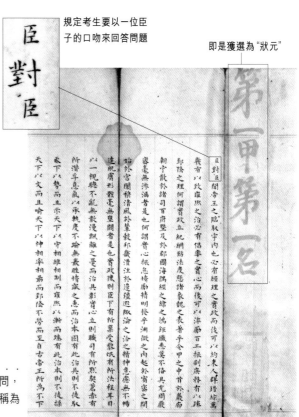

規定考生要以一位臣子的口吻來回答問題

即是獲選為"狀元"

趙秉忠殿試卷

這份試題是萬曆二十六年（1598）的狀元趙秉忠的殿試卷。殿試考策問，對格式及字數均有限制，字體必須工整方正，筆畫渾圓清晰，當時稱為院體或館閣體。此卷全文二千四百六十字，為經世治邦的對策。

最高學府國子監

國子監是明朝設於南北兩京的最高學府,教學內容及目的與地方官學無異,同是為朝廷培訓官員而設,監生都是由府州縣官學薦舉的精英分子、會試落第的舉人、官宦子弟等。其課程基本上是四年制,根據不同入學年限及學識水平編班,程度由低到高分六堂學習。

監生需要學習"四書"、"五經"等經史著作,還有《御制大誥》、《大明律令》、《說苑》等知識,並熟習寫作詔、誥、表等官方文書。政府對監生照顧有加,平時供給衣糧,年節有賞錢,並賜糧養家。但同時也要求監生絕對服從,無論對衣冠、步履、飲食等行為都有嚴格規定。

監生人數在洪武、永樂兩朝最盛,在校學生常達千人以上,永樂時最多幾近萬人。這與明初官員缺乏、皇帝求才若渴的實際情況有關,當時很多監生畢業後便直接入朝為官,甚至身居要職。此外,明初創設歷事制度,把監生派

監生的升級之路

國子監是四年制,監生一般共需學習四年,考試屢不合格者,則可能學習十多年也未能畢業。畢業後可以直接授予官職。

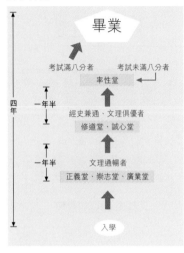

畢業

考試滿八分者　考試未滿八分者
率性堂

四年

一年半
經史兼通、文理俱優者
修道堂、誠心堂

一年半
文理通暢者
正義堂、崇志堂、廣業堂

入學

北京國子監牌坊

在路北共有四座牌坊,此為其一,位於成賢街。

到政府部門實習，優異者可以直接做官，中庸者量才而用，表現較遜者回監讀書。

明朝中晚期，以科舉晉身官場已成正途，國子監的盛況因此遠不如前，生員數目大減，也漸漸不受社會及士子重視。

進士題名碑
孔廟位於國子監旁，而進士題名碑則豎立在孔廟兩側，共有元明清三朝碑一百九十八塊，其中明朝有七十七塊，記錄了明初至明亡二百多年間的進士名單，碑上有進士姓名、籍貫和名次。

彝倫堂是皇帝臨幸時設座之處　敬一亭是祭酒的辦公處

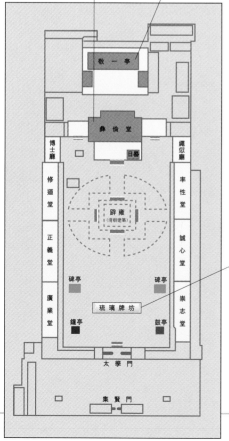

博士廳　修道堂　正義堂　廣業堂

敬一亭

彝倫堂　日晷

繩愆廳　率性堂　誠心堂　崇志堂

辟雍（清朝建築）

碑亭　碑亭

琉璃牌坊

鐘亭　鼓亭

太學門

集賢門

北京國子監平面圖

六堂即監生上課的地方，共六十六間房，分列在國子監的東西兩邊。國子監現存規模小於明朝，當時西北部還有學生的生活居住區及倉庫區等。

北京國子監琉璃牌坊

一個崇尚功名家族的起伏

在今江西樂安縣流坑村的董氏家族,是古代讀書人以功名為榮、以科舉為業的典型。

流坑村始建於五代,全村主要姓董,自稱是漢朝大儒董仲舒的後人。董氏先祖董文廣認定要使家族興旺,必須走讀書求取功名之路,遂積極培育子弟。北宋以來科舉大盛,董氏正好一展所學,兩宋期間共出二十六位進士,甚至出現一門五進士(五位親屬同屆高中),較之曾鞏、王安石家族更加顯赫。

在一朝中舉,仕路大開的情況下,董氏更積極興辦教育,建立族塾,延師教授本族子弟學習科舉文章,並且設立千畝以上的學田、祭田,資助宗族子弟求學。明朝晚期,流坑村的文風臻於全盛,村內書院學館達二十六所,但因為董氏這時追隨王陽明學説,崇尚心性,恰與明朝科舉的考試準則——程朱理學相反,於是入仕率不升反跌,中秀才以上功名者僅四十八人,而且只有董時望一名進士,盛況已不能與宋朝相比。

董氏以讀書做官為業,由此取得榮耀,取得功名,其家族的發迹,是與科舉制度的發展息息相關的。

流坑村的位置

董燧府第

董燧歷任湖北枝江知縣、福建建陽府同知、南京刑部郎中。他是明朝中晚期流坑村所出的惟一高官,退休還鄉後,致力村中宗族組織及社區建設。當時,董燧在流坑村建住宅十八幢,其形制、結構大同小異,構成一個整體,今天只剩下懷德堂、永享堂兩幢。

狀元樓

流坑村的紀念性建築很多，這是為紀念該村在南宋時期的一位恩科狀元董德元而建的。建築物有兩層，樓上擺放了董德元等歷代官宦名臣的牌位。室內佈置保留了前代舊貌，其中部分柱礎為明朝遺物。

環山書院

環山書院是村中留傳至今最大的書院。這裏也是祀孔和文人聚會的場所，是董氏族人重視文教的象徵。

手持笏板

文臣形象的門神

① 教育理念的實踐 —— 書院

書院與官學是兩種迥然不同的教育模式。書院是學者進行私人講學的地方，學術風氣濃厚，在當時成為各種文化思潮的中心。宋明兩朝都是書院教育的興盛時代，書院多由私人捐資興建，到了明朝中期，書院更加興盛，而且得到地方官府支持，成為半官方性質的學術機構。據統計，明朝的書院約有一千二百所，吸引全國各地慕名而至的知識分子。

書院的理念和發展

明朝官方重視教育，但官學的教學內容和形式，以至科舉考試，都是為朝廷培養官員。書院的辦學目的，則是在科舉功名以外形成一個學術研討的場所，可說是最高層次的教育。書院的主持人稱為山長，一般是有名望的學者；書院的選址一般是在名山大川，著名的有稽山書院、白鹿洞書院、嶽麓書院、東林書院等。學生也沒有固定名額，他們都是全國各地慕名而來的人，名望隆盛的如東林書院，每次開講，從學者就可達千人。可以說，書院不是正規學校，而是帶有學術講座或學術研討的性質。

當時思想界在科舉八股文的桎梏下仍有發展，與書院講學風氣不無關係。繼宋朝的程朱理學後，明中葉陽明學派的"心學"風靡一時，很多知識分子拜其門下。王陽明逝世後，他的弟子又別立門派，其中王艮的重格物的泰州學派在王學基礎上再進一步。此外，也有不少思想家如李贄，標舉反傳統的旗幟，雖被目為異端學說，但也可反映當時思想界比較開放，才容許多元化的思想並存，明朝的書院就在這種環境下蓬勃發展。

朝廷對書院的態度

書院由私人興辦，經費大多由私人捐資。明初朝廷對書院並不重視，是書院發展的沉寂期。明朝中期，書院復興，其中以王陽明的影響力最大。王陽明是朝廷顯要、著名的理學大師，又熱心提倡書院教育，書院隨而興盛。有些書院更是由官員建立或官方出資維持的。不過，上層人士對書院的支持，只在經費及講學方面，書院並不需要承擔培訓科舉士子的任務。

依庸堂

"風聲雨聲讀書聲聲聲入耳，家事國事天下事事事關心"，反映了東林黨人積極參與國事的信念，這也是中國古代士大夫的信念。

東林書院道南祠

天啟五年（1625），魏忠賢逮捕東林黨人。次年，東林書院遭強行拆毀，道南祠是劫後惟一完好的建築。

明朝中晚期，書院的興盛，衝擊了官學的地位，加以知識分子利用講學之便諷議時政，因此這時期共發生過四次的禁毀書院行動，可說是書院與朝廷關係的黑暗期。

書院政潮

明朝的書院由學術研討演變到明末評論時政參與政治，是與當時的社會思潮有關的。明中期開始，宦官專權，政治敗壞，於是知識分子由對程朱理學的批判，轉為對社會現實表達不滿，這免不了觸及政治，書院成為政治輿論中心甚至政治鬥爭中心，招致了嘉靖十六年及十七年（1537、1538）、萬曆七年（1579）、天啟五年（1625）四次官方對書院的禁毀，尤其第四次禁毀書院，魏忠賢為了打擊東林黨人，矯詔毀天下書院，東林、關中、徽州等書院俱被拆毀。

《魏大中絕命書》

魏大中（1575~1625）是萬曆年間的進士，也是東林黨的重要成員。天啟年間，閹黨魏忠賢得勢後，大肆迫害東林黨人，魏大中、楊漣、左光斗等東林黨人被捕，下鎮撫司詔獄。魏大中被捕後知無生還機會，寫下這份絕命書。

魏大中对子女的最大期望

東林書院大門

"東林舊址"石牌坊

東林書院位於江蘇無錫，萬曆三十二年（1604）被革職還鄉的顧憲成與高攀龍等人，獲地方官員支持，於宋朝楊時講學遺址上創建東林書院。天啟六年（1626）書院被閹黨強行拆毀。思宗即位後，東林之獄得到平反，思宗下詔復建。1981~1982年重修。

② 國家資料庫 —— 皇史宬

中國是一個重視文獻典籍的國家，歷朝均有收錄官方文獻及藏書的機構，可惜的是，由於改朝換代及意外災害的緣故，書籍文獻屢遭厄運。到了明朝，官藏文獻書籍的傳統大大發展，分別在南北兩京建立檔案庫，其中位於北京皇城內的皇史宬是收藏皇家檔案及重要典籍的地方，為了解中國的官方典藏制度提供了重要的實物依據。

皇史宬內景

拱券頂的殿室，無一樑一柱，俗稱"無樑殿"。牆身由特殊磨製的磚砌成，厚達6米，有利防火，這就是史書記載的"石室"。明朝時，皇室檔案如聖訓、玉牒、實錄等便是收藏於"金匱"內。

經歷千年的官方典藏制度

商周以來，皇室檔案有專門的管理機構及收藏之處，這些機構也負責搜集和收藏重要典籍，這是中國重視文化的表現之一。由朝廷號召及實行，藏書的成效理應很高，但這些官方文獻藏書每每遭受天災人禍，或因改朝換代而被毀，或因意外災害而散失，流傳下來的並不多。直到明朝，官方的檔案制度臻於完善，由於檔案數量龐大，朝廷於是採取分類保管和存放的辦法。明初曾以南京為首都，在那裏有收藏全國戶籍資料的庫房；位於北京的檔案庫有數處，將檔案或典籍分門別類保存。其中皇史宬*是現存最古老和最大的檔案庫，上承古代傳統，下由清朝延續至今，其建築構造的嚴密也是它能屹立數百年的原因。

金匱石室

皇史宬建於嘉靖十三年（1534），面積2000多平方米，地處今北京東城區南池子南口。室內建築仿漢朝的石室金匱形制。漢朝對藏書的傳統具開創之功，建立國家藏書處，下令在全國訪書及派專人整理校勘，這種有系統的做法漸成制度，為以後歷朝仿效。根據《漢書·高帝紀》記載："丹書鐵契，金匱石室，藏之宗廟。"這項藏書處的形制，在皇史宬得到很好的體現。

南北各開一窗戶，使空氣對流，有利防潮，減少溫差

有雲龍雕飾的金匱，高1.31米，寬1.34米

"石室"是指內部建築，皇史宬處處達到防火、防潮與防蟲的目的。門窗、斗栱全為磚石砌成，殿內無樑柱，頂部為拱形，有利於防火；東西各開一對開的大窗戶，以利通風；地面則鋪設漢白玉須彌座，有助防潮。此外，皇史宬的磚牆厚達6米多，這種高水平的建築與當時有關技術的進步不可分割。"金匱"則是收藏文獻之處，皇史宬用的是鎏金銅皮樟木櫃，雕有雲龍紋，樟木可防蟲蛀鼠咬。裏面存放的全是與皇室國家有關的重要文書檔案，如《實錄》、《聖訓》、《玉牒》（皇室家譜）。現存金匱的數目有一百五十三具，其中屬明朝的有十九具。

皇史宬的雙重門

明朝編纂的重要文獻

皇史宬除收藏皇家檔案外，還曾藏有《永樂大典》等珍貴書籍。明朝耗費空前巨大的人力物力，編纂大型類書《永樂大典》，把重視文獻的傳統發揚至高峯。《永樂大典》輯入了文淵閣藏書及從各地搜求的圖書七八千種，共三萬二千九百三十七卷，分裝成一萬一千九十五冊。此書由永樂元年（1403）開始編修，歷時五年，動用三千多位文士，到隆慶元年（1567）另摹成一部副本藏於皇史宬。

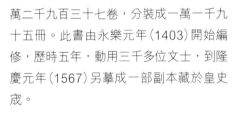

滲水孔　　　　　　　　通風孔

為了保持室內的濕度和溫度，在皇史宬的牆身開鑿有滲水和通風作用的孔道，實用之餘也注重裝飾效果。

皇史宬外的排水設施

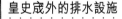

皇史宬台基的漢白玉護欄下設龍首形排水道。

皇史宬主殿

整個建築由皇史宬門、主殿、東西配殿和御碑亭組成，四周環以紅色高牆。主殿為磚石仿木建築。

*宬：在《說文解字》中有"屋所容受"的意思，即是庫房。

小辭典

① 佛教向儒學靠攏

明朝政治上很專制，但文化卻呈多元化發展，各種宗教和平共處並互相融合，民間宗教十分活躍。由於理學處於顯學地位，道教及佛教都走向衰微。宗教無法在學術上與理學抗衡，道佛都出現了儒化的趨勢，儒釋道三教高度交融，佛教在內部各派融匯，在外部則向儒學靠攏，佛儒的相互影響上升到理論層次上。

明初佛教的管理

太祖年青時當過遊方僧，因此明初佛教地位有些特殊。但朱元璋對佛教還是以控制為主，一方面限制人數，以免出家人多影響勞動人口，青年婦女出家影響生育。初期曾經下令給僧道度牒，一時間有九萬六千多人取得度牒，以後就控制出家人數量，限令每三年給一次度牒，而且嚴加考試，規定府州縣的僧道人數，府四十人，州三十人，縣二十人。年齡也明確規定，男四十、女五十以上方可出家。另一方面，明朝佛教走的是學術化道路，官方設僧錄司作為全國佛教最高管理機構，出家者要參加給牒考試，但成效不高，如洪武二十五年(1392)的一次考試，有三千人參加，均不習佛教典籍，太祖氣得欲盡行治罪。

佛教發展的關鍵

雖然明初對佛教人數有嚴格限制，但成祖時，助他得天下的功臣姚廣孝本是僧人(僧道衍)，成祖因此積極提倡佛教；其後宦官與佛教關係密切，宦官以其政治影響，廣度僧人，大興寺院。例如景泰二年(1451)，太監興安以皇后旨度僧道五萬多人。上述因素是明朝佛教得到發展的關鍵，明朝僧人數量因此增加很快。

碧雲寺

明朝的宦官崇佛，除王振建智化寺，位於今北京海淀區的碧雲寺也與太監有關。這裏原只是一座佛庵，始建於元朝，至明朝正德年間內監于經擴充為寺，故有"于公寺"的俗稱。天啟三年(1623)，太監魏忠賢重修。部分建築是清朝時所建。

禪宗為主流

佛教的宗派方面，朝廷為鞏固和穩定西藏，扶持藏傳佛教；在漢地，禪宗仍是主流，其支系有臨濟宗和曹洞宗。臨濟宗名僧圓悟教學以"棒喝交馳"著名，他不贊成援儒於佛，主張純禪。法藏是圓悟的弟子，但二人的理論不同，法藏反對一味棒喝，不講道理的參禪方式，主張理性"悟道"，近現代國內外佛教學者基本沿襲這一道路。

儒佛合流

明朝佛教總體上呈衰微之勢，但在明中期以後有所發展，明朝名僧多出現在正德朝之後，這與明朝思想文化的發展是同步的。當時理學代表人物王陽明的心學在數十年間佔領思想學術界的領導地位，他是贊同佛為儒用，實踐方法上受禪宗坐禪的影響。明朝晚期，王學末流更走向禪化，禪學也隨之發展。

明朝四大高僧雲棲袾宏（淨土宗代表）、藕益智旭（天台宗代表）、紫柏真可、憨山德清共同主張各宗融合，儒、釋、道三教合一，不固執於佛家之說，使佛教得到士大夫的認可和接受。

潭柘寺毗盧閣

在都城北京城周圍建有不少佛寺。潭柘寺位於西山潭柘山腰。此寺歷史悠久，建於西晉時，歷朝多次修建，現存建築多是明、清時期的。寺分三路，中路即全寺的中軸線，有山門、天王殿、大雄寶殿，各座建築依山而建，層層高升。這是最後一重建築——毗盧閣。

北京法海寺

建成於正統八年(1443)，為太監李童集資興建。其大雄寶殿內尚存精美的明朝壁畫。內容是觀音、文殊、普賢菩薩及供養人七十七人，其中以水月觀音最出色。

禪宗在中國的發展概況	
傳入	魏晉南北朝時，菩提達摩從印度抵達中國，在洛陽弘揚禪法。
發展	• 南北兩宗的形成 五祖弘忍的弟子慧能和神秀分別在南方和北方弘禪，是為南宗和北宗，其中以南宗為主流。
	• 五派的形成 即溈仰、臨濟、曹洞、雲門、法眼五派，均由南宗發展而成。宋朝時，臨濟之下又分為黃龍、楊岐兩派，稱為"五家七宗"。明朝時，以臨濟和曹洞最盛。
影響	禪宗在五家七宗以後，禪風有所改變，有頌古、評唱一類禪門偈頌行世，並出現佛儒合流傾向，影響宋明理學的形成，理學家如周敦頤、程頤、程顥、朱熹、陸九淵、王陽明都受到禪宗的啟發。

② 道教與皇室關係密切

青花雲鶴八仙圖葫蘆瓶

世宗尊崇道教，迷戀丹術，用以盛裝仙丹的葫蘆瓶風行一時，此件葫蘆瓶四面繪有八仙圖，正是嘉靖祈求長生的寫照。

道教是中國土生土長的宗教，歷來有廣泛的社會基礎。明朝建國後，道教和佛教一樣成為朝廷確定的官方宗教，但道教在明朝經典不盛，組織混亂，日漸衰落。其在民間的傳播，也逐漸發生變化，漸漸成為民間宗教組織。

二仙人起舞

道教與皇室的關係

明朝佛教走的是學術化道路，而道教則是一條修煉齋醮的道路。明初對道教也是以清整出發，管理嚴格，中央和地方都有專門的官員管理道教事務。明朝早期的知名道士還追求戒行，以後的道士專以方術得官。道士的獲寵與皇帝追求長生不老有關。在皇帝的影響下，官員也紛紛成為道教的信奉者。嘉靖年間道教最為顯赫，世宗有"道君皇帝"之名，他中年以後篤信道教，日事齋醮，不理朝政，並曾為自己及父母加封道號。世宗寵信方士陶仲文，即因其進獻的丹藥對皇帝"有驗"，而被特授禮部尚書。

道教的主要經典

《道藏》始修於永樂年間，正統十年（1445）刊行，到萬曆三十五年（1607）又有續補，前後合計五百十二函、五千四百八十五卷。其內容龐雜，除道教經典外，還收集了先秦至宋的諸子百家之作，以及關於醫藥、養生和煉丹術方面的著作。這是道教文獻的一次大規模總結。

道教在民間的傳播

明朝道教教義雖然沒有重大發展，但道教思想卻傳播於廣大社會。被道士通俗化的內丹術，作為一種煉養術傳向社會，在儒士中影響很深，王陽明、王畿等皆熱衷於道教內丹術。至於扶乩降仙的風氣，在道士、儒生中也十分流行，一批假扶鸞所造的道書，如《太乙金華宗旨》、《天仙金丹心法》等紛紛面世，或闡述金丹，或宣揚三綱五常，具有三教融合的色彩。此外，大大小小的城鎮鄉村，也修建起真武廟、關帝廟等道教神廟，可見道教在民間的影響力。

水陸畫中的道士形象

水陸畫是佛教舉行超度水陸一切亡靈的法會時掛的，圖上有時畫道士和儒生，這是山西的水陸畫上道士等的形象。

明朝道教的主要教派

教派	創始人	主要事迹
正一派	張天師	受朝廷敕封，是明朝最盛的道教派系。
武當派	張三豐	太祖、成祖多次派人尋找張三豐的行蹤，皆不遇。成祖即位後，聲稱自己受真武大帝的護佑，故大規模修建武當山宮觀，武當派因此成為明朝道教的主要支派。
丹法派	陸西星	原以燒煉丹藥為主，到陸西星時，發展了男女同修的陰陽丹法，以煉就內丹。這種修煉法很合晚明士大夫的縱慾心理，受到歡迎。

《性命圭旨》的中心圖

《性命圭旨》原題《性命雙修萬神圭旨》，是道家修身養性之書，傳為明朝尹真人弟子所著，並有插圖五十多幅。

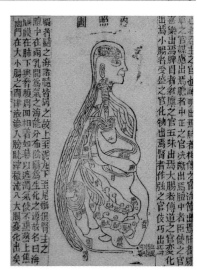

《性命圭旨》的飛升圖

道教的最高理想是得道升天。畫面中一人乘鶴升天，站着眾人有些舉手歡送、有些拱手作揖，均露出歡欣艷羨的神色。

《性命圭旨》的內照圖

道教認為經過修煉，使精、氣在體內凝聚，便可長生。因此道教書籍有人體結構的介紹，並把五臟命以金、木、水、火、土之名。

多種宗教的並存與融合

③ 天主教與耶穌會士

繼唐、元以後，17世紀初天主教第三次傳入中國。由於耶穌會教士的不斷努力，加上傳教方法的策略性調整，天主教終於在中國奠定較以往堅實的傳播基礎。明朝末年，以利瑪竇（Matteo Ricci）為首的耶穌會教士打開了宮廷的大門，並得到部分高級官員的支持，傳說思宗甚至打算在宮中信奉天主教。

傳教的有利形勢

天主教的成功傳入，與當時東西方的客觀形勢有重大關係。15世紀末年非洲好望角新航路的發現，以及16世紀歐洲宗教改革後天主教耶穌會士開拓的傳教事業，都是促成傳教士來華的重要因素。加以16世紀末宋明理學在中國思想界的統一地位開始動搖，各種思潮活躍，造就了一個有利於天主教傳播的空間。

開拓傳教事業的先鋒

16世紀中葉以來，傳教士為打開中國大門，經歷了一個從失敗到成功，從外圍到中心的傳教歷程。西班牙人方濟各・沙勿略（Francisco Javier）是最早來華的教士，但他未及進入中國大陸就病故了。此後主要是葡萄牙人在澳門傳教，但收效不大。萬曆十一年（1583），羅明堅（Michaele Ruggieri）終於取得突破，獲准在廣東肇慶居住，並修建了第一座天主教堂，於是他開始學習漢文，穿漢服，不露痕迹地傳教。隨後的意大利籍傳教士利瑪竇，其傳教事業更是劃時代的，他不單爭取到禮部官員瞿景淳的兒子瞿太素為他在中國的首個信徒，更成功地在韶州（今廣東韶關）建立了第二個天主教堂，到萬曆三十五年（1607）已經發展了八百人的信徒隊伍。萬曆二十九年（1601），利瑪竇來到北京，將禮物和奏章送到神宗手裏，獲准在北京傳教，開拓出由上而下的傳教渠道。

傳教的成果

明末教士來華，得到頗為理想的成果，為日後天主教及基督教在中國的傳播奠定基礎。當時來華傳教士，到明末時達九十多位，他們分別在北京、南京等地建有天主教堂。滲透層面方面，以社會上層為主，徐光啟、李之藻等接受天主教教義的同時，也接受了西方科技。泰州學派的傳人焦竑、李贄也對天主教教義表示讚賞。傳說思宗甚至打算在宮中信奉天主教。後來南明的弘光帝、唐王、桂王等都與耶穌會教士關係密切。民間信徒方面，明朝末年，上海和西安各有教徒超過一千名，北京受洗禮的信徒更接近三千人。

名字以中外語對照

利瑪竇與徐光啟
傳教士感到向士大夫傳教並不容易，故先以西洋的科技知識吸引他們的注意力。其中徐光啟和利瑪竇發展為亦師亦友的關係，合作譯出歐幾里得的《幾何原本》，是傳教士來中國翻譯的第一本著作。

傳教士的墓園
. . . .
明清之際，來華的傳教士有幾十位，他們有的終生留在中國。

雙龍戲珠

墓園石碑
. . . . .

耶穌會的徽號

南堂外貌
. . . . .

萬曆三十三年（*1605*），利瑪竇獲得神
宗准許，在北京宣武門建立教堂"*南
堂*"。明朝末年，李自成的大順軍進城
後，在教堂門口掛牌明令保護湯若望
（利瑪竇的後繼者）。大順軍退出北京城
時，曾放火燒城，但南堂未遭損失。

南堂內景
. . . . .

④ 以利瑪竇為首的傳教士

利瑪竇是16世紀末來華傳教最成功的教士，他不僅首先敲開中國宮廷的大門，更強調尊重中國文化，以西方科學吸引信眾。後繼的教士，都遵循利瑪竇的模式，在傳教之餘，著書立說，把更多西方文明介紹到中國，明朝晚期知識界瀰漫的科學風潮，與此有一定的關係。

傳教士的本領

在16世紀的歐洲，要擔任傳教士絕不容易。他們必須接受神學訓練，具備系統的科學知識，並有一定的藝術修養，教士都是當時歐洲知識分子中的精英，這是他們可以利用科學知識來傳教的基本條件。後來，在中國的傳教士發現以科學宣教的手法相當成功，特別要求教會派遣精通科學，甚至指定擅長某一門類知識的教士來華，於是以西洋科技文明吸納信眾的手法便進一步確定下來。

利瑪竇的傳教方法

利瑪竇的傳教方法是來自他的親身實踐的。他試過直接宣講天主教義，又試過模仿佛教僧侶，剃光頭穿袈裟傳教，均未成功。但才智過人且受過良好科學訓練的利瑪竇很快明白，要把天主教傳入中國，必須先爭取到皇帝支持，而且應該先從會對西方科技感興趣的上層知識分子入手。為了打入他們的圈子，利瑪竇一方面採用士大夫文人的服裝和行為方式，另一方面學習中國經文，進而利用儒家思想解釋天主教義；同時極力迎合統治者對西洋科學發明和歐洲藝術的好奇心，向神宗饋贈報時鐘、西琴、天主像等西洋珍寶，從此傳教士獲准在北京傳教，並且建立了天主教堂，奠定了在華傳教事業的基礎。

利瑪竇模式的傳教羣體

利瑪竇傳教方法的成功，對一批與他同期或是稍晚來到中國的傳教士，如湯若望（Johann Adam Schallvon Bell）、南懷仁（Ferdinand Verbiest）、龍華民（Nicolo Longobardi）、熊三拔（Sabbathino de Ursis）、艾儒略（Giulio Aleni）等有極大啟發。他們在利瑪竇的基礎上進一步發揮，顯得更不着痕迹，例如他們翻譯成漢文的科學著作，必然會以對天主教的頌揚作開始，要讀者先看教義，後看科學理論；又例如為宮廷製造科學儀器，會在器身加上龍紋等中國圖案，以迎合統治者的口味。可以說，繼利瑪竇之後來到中國的傳教士，幾乎全部都採用利氏開創的傳教模式。

地圖

利瑪竇像
在萬曆十年（1582）來華，先在廣東肇慶傳教，萬曆二十九年（1601）到北京。因其豐富的幾何學、天文學等科學知識而見重於神宗朝。他繪製的《坤輿萬國全圖》更影響了中國人的世界觀。

傳教局限於社會上層

耶穌會士跟隨利瑪竇的傳教模式，開創了在晚明中國的傳教事業，在一批受到歐洲科學和文化事物吸引的中國上層知識分子中，天主教教義的傳播取得顯著的成果。可是，也由於傳教僅局限於社會上層，未能普及全國。值得注意的是，以介紹西方文明為手段的傳教方法，使傳教士作為天文學家、數學家和地圖學家的身分為中國皇帝所重視，這也是以後他們得以在中國延續其傳教事業的原因。

利瑪竇墓園石刻

石刻上有松鹿圖案，象徵福壽吉祥。

利瑪竇墓園

萬曆三十八年(1610)，利瑪竇病逝於北京，神宗詔"以陪臣禮葬阜成門外二里溝嘉觀之右"，墓園佈局具傳統中國色彩，但在細節上也流露出西方的特點，是中西合璧之作。這座石門枋的形式汲取了中國古建築的元素。

利瑪竇墓碑

墓碑為螭首方座，額雕十字架，上刻"耶穌會士利公之墓"，碑文中西對照。碑文正上方的雙龍戲珠是中國傳統的圖案，碑文旁的玫瑰花浮雕則是西方之物。在墓碑之後是利瑪竇的墓穴。

利瑪竇墓園石刻

在石門枋兩側的石刻，正中有雲龍紋，四角有纏枝花紋。

① 傳教士帶來的西方科技

物鏡，對準所觀之處，直徑2.6厘米

明朝晚期，西方文明隨着傳教士來華，開始有系統地傳入中國，其中西方科技令部分知識分子耳目一新。明朝是西學傳入的最初階段，當然難以在瞬間震撼全國，但其首開西學輸入的道路，則為後來清朝更大規模的西學引入奠下基礎，對中國文明史的發展進程有着重要作用。

戴眼鏡的老者

這是明人所繪的《南都繁會圖卷》，其中"兌換金珠"店幌子下有戴眼鏡的老者。

傳揚西方文明的局限

明朝晚期，傳教士為打開中國的傳教大門，以西方科技作為招徠，吸引上層統治者和知識分子。不過，當時傳教士只是以西方的科學知識為手段，由他們引介到中國的科技當然不是16世紀西方文明的全部。而且，一旦科學與其信仰產生衝突，則會採取秘而不宣的態度，例如哥白尼日心說這種近代科學的世界觀，就被傳教士視為對神學的褻瀆，在中國絕口不提。

西方文明對中國的衝擊

傳教士傳入的西方科技知識，以天文學為主，影響也最大，其他則有數學、物理、機械、地理、醫學、生物學等，對構建中國近代科學體系具有重要意義。

中國士大夫傳統上不重視科學，崇尚性理。西方科技文明的傳入，首先是提升了科技在傳統文化中的地位，使士大夫開始重視實學。其次，明末清初正是近代科學形成和發展的時期，許多西方的重要科學成就被介紹到中國，這時期傳教士也直接參與了一些大型科技項目和工程，如編撰曆書、鑄造火炮等。

在生活的各個層面中，西方的科技及發明影響着明人。在以農為本及有濃厚敬天意識的中國，天文學的知識極受歡迎。當時中國人只懂得測量緯度，利瑪竇傳授的測經度之法，使明人知道中國和歐洲的位置。西方數學經典《幾何原本》，由利瑪竇口授、徐光啟翻譯，引介到中國，由他倆創造的一套中文幾何名詞，例如點、線、平面、直角等，沿用至今。

傳教士也以饋贈形式把一些西洋器物帶到中國，例如望遠鏡、西洋鐘表及眼鏡等，明人對這些新鮮事物均表現出極大的興趣。

晷針　指南針　時刻線　節氣線，從晷面投下的晷針日影，找出相應的時刻線

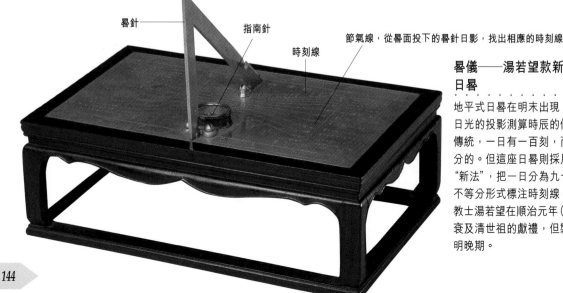

晷儀——湯若望款新法地平式日晷

地平式日晷在明末出現，這是一種以日光的投影測算時辰的儀器。按中國傳統，一日有一百刻，而且刻度是等分的。但這座日晷則採用歐洲流行的"新法"，把一日分為九十六刻，並以不等分形式標注時刻線。這是德國傳教士湯若望在順治元年（1644）呈多爾袞及清世祖的獻禮，但製作時間應在明晚期。

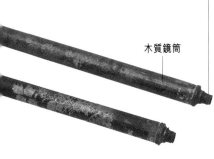

目鏡，觀景之處，直徑1厘米

木質鏡筒

綠漆描金花望遠鏡

望遠鏡是由湯若望在明末藉着《遠鏡說》將之引入中國的。早期傳入的望遠鏡是以凸透鏡為物鏡，以凹透鏡為目鏡的折射望遠鏡。右圖是《崇禎曆書》中的同類望遠鏡，使用時安置在支架上。

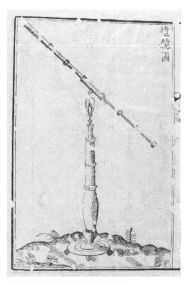

《崇禎曆書》中的望遠鏡圖

知識分子接受西學的程度

西方文明在明朝傳入，先是在知識分子的圈子裏產生極大迴響，但當時人們對西方文明的接受程度也是參差不齊的。有識之士肯定已經意識到中國科技的落後，因此對西學極為推崇，但同時仍有不少文人士大夫對西方文明心存抗拒，如明末崇禎年間發生的中西曆法之爭，致使有傳教士參與編訂的《崇禎曆書》未能頒佈使用。

公元16、17世紀，是人類文明向現代化轉變的重要階段。由於西方經歷了幾種思潮的洗煉，科學之路已打穩基礎；中國則要到明朝晚期在傳教士帶來西方文明後，才發現本身科技落後於人。到19世紀，中國在科技領域中已與西方有三四個世紀的差距。

帶有刻度的直尺

計算工具──伽利略比例規

伽利略在1597年發明的測算工具比例規，是由意大利籍傳教士羅雅谷於崇禎年間（1628～1644）寫成的《比例規解》中介紹到中國的。比例規利用相似三角形的對應邊比例原理製成，可以用來計算乘、除、求比例中項、開平方、開立方等。

CHAPOTOT A PARIS

度量儀器──銅鍍金半圓儀

這件鍍金量角器，刻度共兩層。從數字字款及法文刻字來看，應是法國傳入的原裝儀器。

《坤輿萬國全圖》

精於數理的利瑪竇，為中國攜來第一冊按地圓説繪製的西洋世界地圖——《萬國圖》，並將之進貢朝廷。後來，他以這幅繪有五大洲的地圖為藍本，經多次摹繪，製成加上漢字注釋的世界地圖。他在華的二十八年間，經重繪、修訂而刊印出版的世界地圖至少有八種，其中以在萬曆三十年（1602）刊行的《坤輿萬國全圖》資料最為詳備。

日蝕圖和月蝕圖
右上角另繪小圖解釋這兩種天文現象形成的原理。

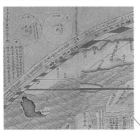

中國的版圖
或許是為了迎合中國人的心理，地圖上中國被刻意安排在中心位置。

海中巨魚
文字指出這一帶的水域"四時有波浪出鱷魚似巨物大"。

赤道南半球之圖
以赤道為南北分界的橢圓形地球，佔了地圖的絕大篇幅，其左上角及左下角則有採用以南北極為中心視角的地球，這是左下角的"赤道南半球之圖"。

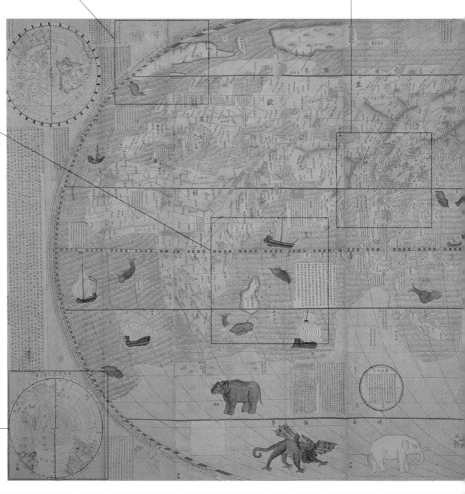

這幅地圖運用了西方精確的經緯度製圖法，突破了中國傳統"計里畫方"的繪圖方法。地圖融匯了不少地理和天文知識，指出"五大洲"的位置，即亞細亞（亞洲）、歐邏巴（歐洲）、利未亞（非洲）、南北亞墨利加（南北美洲）和墨瓦蠟尼加（南極地區），又如與氣候分佈有關的"五帶"的劃分（即熱帶、南北溫帶、南北寒帶）等。圖上附有大量解説文字，按內容可分兩類，一是關於地理、天象的説明；二是利瑪竇的自序及李之藻、陳志民等的題跋。

《坤輿萬國全圖》是利瑪竇採用橢圓投影的方法繪製，它使地球為圓球形的概念具體化，打破了中國傳統"天圓地方"的觀念，使人明白中國只是地球的一部分。而地圖所用的譯名如"地球"、"赤道"、"南、北極圈"、"大西洋"、"地中海"等一直沿用至今。可是，這幅地圖亦有不足之處，如沒有繪出澳洲，南極洲的範圍也特別大，但不能否認它在當時的影響力。

海中船舶

圖中的海船繪於南美洲之左，其旁的一段文字提及："南北亞墨利加（即美洲）……百年前歐邏巴人乘船至其海邊之地，方知其地廣闊……迄今未詳審地內各國人俗"，此即哥倫布在1492年發現美洲新大陸的事件。

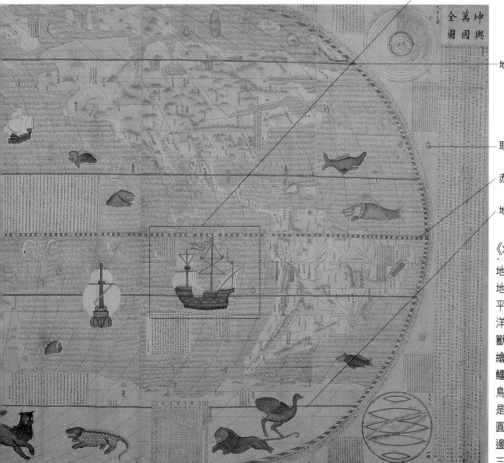

地北極界

耶穌會印記

赤道

地南極界

《坤輿萬國全圖》

地圖以赤道為中線，令地球南北二分，其緯線平直，經線彎曲。各大洋中有船舶、鯨類、海獸、水鳥；南極大陸則繪犀牛、大象、恐龍、鱷魚、樹熊、獅子、駝鳥等動物。由於利瑪竇是耶穌會教士，故在橢圓形地球之外的左右兩邊，摹寫了耶穌會印記三方。

① 受官方控制的天文曆法

明朝是一個注重內省的朝代，思想界空前發達，天文曆法等科學研究卻趨於停滯。明朝把天文曆法視為官方專利，民間一律禁止學習，把宋元時代蓬勃的科學風氣壓抑下來，並且使天文曆法的研究披上濃厚的政治色彩，自此中國古天文學就由宋元的巔峯期滑落下來。

天文曆法被定為官方專利

明朝皇帝認為天文曆法與國家興衰息息相關，於是把它定為官方專利，百姓學習者一律發配，編寫曆者更要殺頭。這種把研究收歸官方的做法，窒礙了宋元以來民間研究天文的活力。加上統治者認為重修曆法等事情會影響國家氣運，即使發現錯誤，亦不輕言改動。這樣，政治因素就對科學研究產生極大的制約，成為明朝天文曆法學停滯和倒退的重要原因。

南京紫金山天文台的簡儀
南京觀星台中的儀器精良完善，日夜均有專人在此觀測星象。這個天文台比建於1675年的英國格林尼治天文台早了近三百年。

國家天文台

設立國家天文台是明朝把天文觀測和曆法制訂收歸官方的象徵。明朝初年，在南京建立司天監，後改稱"欽天監"，作為官方研究天文曆法的專門機構，並且將元大都的簡儀、渾儀等大型天文儀器運到南京。洪武十八年（1385），朝廷在南京雞鳴山上建欽天監觀星台，又在雨花台上設回回欽天監觀星台。成祖遷都北京後，南京觀星台繼續使用，在北京另行組織一套機構。正統七年（1442），英宗在北京內城東南角城牆上設觀象台，這座觀象台歷經明清兩朝，至今仍聳立在北京建國門內，就是今北京建國門附近的古觀象台。

南京紫金山天文台的渾儀

北京古觀象台紫微殿

這是北京觀象台的附屬建築紫微殿，殿前有數具天文儀器。

天象觀測

明朝統治者認為天象會影響國家氣運，為了接收上天對人間的警示，非常重視對異常天象的觀測，在北京齊化門（後改名朝陽門）的觀測每夜進行，在無儀器輔助的條件下，先後發現了兩次太陽黑子活動的周期，還留下了兩條超新星的精彩記錄，包括其位置、亮度及變化等。超新星遺跡同今日所見射電源密切相關，這兩條記載都是珍貴的資料。此外，明朝還保留了一些恆星觀測的資料，著名的有北京隆福寺藻井星圖和常熟石刻天文圖。

頒佈曆法的顧忌

明朝末年，天文學的主要成就是修《崇禎曆法》。明朝一直沿用元朝的《授時曆》，儘管錯誤較多，但礙於政治因素，無人敢改。明朝晚期，改曆的呼聲逐漸高漲。崇禎二年（1629），欽天監預測日蝕又發生明顯錯誤，而徐光啟根據西方天文學預測的日蝕卻十分準確，但思宗認為修曆有改朝換代的意味，對於廢棄明朝正朔，改奉新曆，懷有恐懼。經過一番周折，思宗終於允許徐光啟會同傳教士龍華民、鄧玉函（Jean Terrenz）、湯若望、羅雅谷（Giacomo Rho）等開辦曆局。崇禎七年（1634）《崇禎曆法》完成，實際內容都是西方天文學體系的，較系統和全面地介紹了歐洲天文學的內容。然而，因為受到守舊派的阻撓，《崇禎曆法》到明朝滅亡仍未頒佈。

北京古觀象台

這是正統七年（1442）修建的，利用元大都東南角樓舊址改建。台上有大型銅鑄天文儀器，台下為紫微殿、漏壺房、晷影房等附屬建築，是明清兩朝官方天文觀測之處。原位於台上的明朝天文儀器已移往南京，現存的為清朝時製作。

② 中醫藥學的鼎盛時期

黑漆描金雲龍藥櫃

這個藥櫃共貯藥一百四十種，原存於太醫院御藥局的御藥庫，是明朝宮廷的貯藥用具，櫃內是可以旋轉的盛藥抽屜。

中國醫藥學在明朝獲得前所未有的發展，在著作及技術方面，均有收穫，影響至今未絕。明朝各科醫學均有專著問世，其中李時珍的《本草綱目》到現在仍是中國藥物學的重要參考。現今預防天花的牛痘接種法，是在明朝發明的人痘接種術發展而來；傳染病學方面，有"戾氣"之說，在理論上與現代的病原體十分接近。明朝醫學不斷自我完善之餘，西方醫學的知識也首次傳入中國。

官方和民間的醫療機構

明朝官方的醫療機構，有太醫院，共分十三科，專為王公大臣診症，它同時也是統籌有關醫政事宜的機構；生藥庫專責藥物管理；地方上設惠民藥局，為平民士兵提供醫療服務，但是由於管理不善與經費不足，大多名存實亡。

民間開設的藥店有很多，也有私人行醫者及致力於醫藥學研究的人，其中不少在明朝醫學發展中貢獻良多，卓然有成。

人工免疫的先驅

天花大約是公元2世紀從外國傳入中國，明中期又在安徽民間肆虐。以前，人們對於天花一直沒有有效的預防方法，所以人痘接種的成功可說是世界免疫學的一大躍進。接種的通常是小孩子，接種後的症狀輕微，可產生對天花的免疫力。人痘接種法發明以後，很快便傳播到世界各地，包括俄國、土耳其、英國及美洲等，一百多年後，直至18紀末，英國醫生琴納（E.Jenner，1746～1823）才在種人痘的基礎上，成功改用牛痘接種，並在幾年後傳回中國。

帽上、衣袍上和藥袋上均有眼睛圖案

醫生服裝

這幅水陸畫繪畫了醫卜星相各式人物形象，黑衣者是醫生，從其裝束估計可能是專門治療眼疾的。

明朝在醫學上的進步

範疇	明朝以前的情況	明朝的發展
病症	天花是無法預防的病症。	發明人痘接種法，把天花患者的痘痂，用水研粉為痘苗。這種人痘接種法經過改良，成功率達97%，並啟發了英國醫生在1796年發明牛痘接種法。
病理	《傷寒論》自東漢以來，一直認為傷寒是由皮毛侵入人體引起的，以此為治療所有疾病的依據。	《瘟疫論》提出傳染病是由戾氣引起的。戾氣由口鼻侵入體內，侵犯的部位不同，引起的疾病也不同。從此，由感染而引起的疾病得到正確的治療。
著作	宋朝的《證類本草》載有草藥1748種，共31卷60萬字。以類別分為10部，每部再分上、中、下品。	《本草綱目》收藥1892種，分52卷，達190萬字。以多級分類法來分，以16部為綱，60類為目。分類比前朝的藥物著作更精密，檢索更容易，並注重藥物考訂。

寫上藥名的泥金標籤

黑漆描金雲龍藥櫃抽屜局部
抽屜內是存放藥材處方的。

傳染病學的創見

中國自東漢末年《傷寒論》面世後，連傳染病都以治療傷寒的方法醫治，當然不能有效治療病症。明朝早期曾發生大瘟疫十九次，到明晚期溫熱病又成為醫學上的棘手問題，這時由吳有性提出的溫疫論，指出傳染病是由戾氣引起，傳染方式一是空氣，二是與患者接觸，這是傳染病學上的突破性進展。

吳有性認為戾氣是某種肉眼看不見的物質，可以用藥物對付。在顯微鏡發明以前，他這種對病原體的描述已經接近真相。

藥物學的里程碑

明朝李時珍編的《本草綱目》，成書於1578年，是中國藥物學的集大成之作。在《本草綱目》以前，已分別有多本重要的藥典出現，如北宋的《證類本草》成書於1083年，但到李時珍的時代，已經過了近五百年。所以他以《證類本草》為根據，用了二十七年時間增刪考訂，在考訂的過程中，又糾正了前人的錯誤，新增了藥物三百七十四種。《證類本草》的分類方法粗略，編寫體例難以適應歸類和檢索龐大的藥物系統的需要。《本草綱目》分類精密，體例嚴謹，層次分明，是分類法的進步。書中又載入方劑一萬一千九十六首，其中四分之三是由李時珍新增的。

御藥房金罐
明朝皇帝患病時煎服藥物，有嚴格的制度規定，經御醫診治後，計藥開方，用金罐煎煮。

金鏟　　銀鍋

傳統製藥工具
傳統中藥都是以草本植物研製的。這些製藥工具是一家杭州老藥店所用的。

西醫首度傳入

西方醫學隨傳教士在明朝首次進入中國，當時較有代表性的是講述人體解剖學的專著《人身圖說》、《泰西人身說概》。

穩步前進中的科技
③ 印刷技術的推廣與應用

唐朝發明了雕版印刷，宋朝發明了活字印刷，明朝的印刷工藝在前人的基礎上進一步發展。明朝書籍大量流通，就是印刷業進步的結果。明朝的活字印刷應用更廣泛，但雕版印刷仍然受到重視，而且印工越趨精美講究，除運用於書籍印刷之外，以餖版和拱花等創新技術印製藝術品，也非常成功。

活字印刷術

明朝刻書出版業的繁榮及印刷技術的進步都遠遠超過以往歷朝。北宋畢昇發明活字印刷術，元朝王禎又創木活字用以印書，明朝活字印刷有更大進步，所用活字有木、銅、錫、鉛等字，其中以銅活字使用最廣泛。活字印刷比雕版印刷更加靈活方便，如在江南，各省祠堂的家譜和族譜便流行用木活字排印。但就明朝整體的出版業而言，活字似乎仍不能完全取代雕版。

官私抄本和刻本情況

抄本在明朝仍佔一定地位，官抄本在明朝早期的代表是《永樂大典》，共計三億七千萬字，因卷帙浩繁，只繕寫一本，未曾刊印。民間由藏書家抄校的書籍價值也很高，如毛晉用優質的紙張影鈔的稀有珍本，時稱毛抄本。明朝無論官、私刻書的數量和品種，都遠遠超過前朝。官刻本無須顧慮成本，一般比民間刻本精美，以刊印經史等書籍為主。明中期後，官方對文化的控制減弱，政府又免除了書籍稅，於是有書商的出現，抄刻書籍成為專門的行當，而且民間抄刻本成為明版書的主流。當時的出版業極其發達，只要有錢，就可印書。刻書業最盛的地區有北京、南京、蘇州、福建等地，在福建建寧，有名號的書坊達八十四家，刻書有一千種以上。刻書的印量多，其中以通俗讀物及舉業書最為普及。當時生活用書、消遣用書和兒童啟蒙的初級讀物，佔徽州刻書數量的很大比重。由於科舉的影響力，為應付考試的舉業書大有市場，明中期更達到書坊非舉業不刊，市場非舉業不售，士子非舉業不讀的程度。

陳奕禧題《西遊記》圖冊

《西遊記》是明朝小說家吳承恩根據宋人話本改編而成的神話小說，是中國古代四大名著之一。明末清初，浙江海寧人陳奕禧以圖畫配上簡單的文字來表現《西遊記》的故事情節，使其更具可讀性和觀賞性。

木刻版畫及印刷術的突破

通俗文藝在明朝極受市民歡迎，私人刻坊為了商業利益，刻印大量插圖書籍。這類書籍運用的木刻版畫技術，是雕版印刷的一大成就。此外，套印、餖版及拱花等也是印刷術的重大突破，專門用以印刷書畫。這種觀賞性質的印刷品，對紙質的要求也越來越講究，明朝出現了利用石灰和植物灰的鹼性來處理紙漿，使紙質更佳。

明朝的書籍印刷業呈現一片繁華，明初及中期的刻書字大紙精，晚期商業味較濃厚。但因明人有刪改重刻古代圖書的風習，故整體水平不及宋版書。

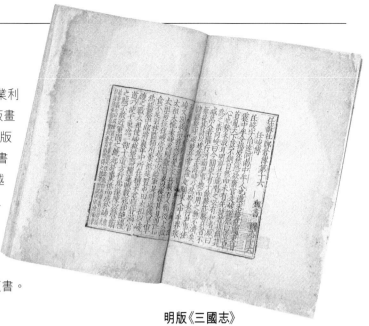

明版《三國志》

《蘿軒變古箋譜》

全書鐫刻精巧，富有強烈的木刻韻味；以彩色套版，印刷精良，色彩和諧。此畫譜於天啟六年(1626)印成，是中國現存最早的一部餖版、拱花印刷的箋譜。

説唱詞話和傳奇刻本

《花關索傳》共四十四頁，採用上圖下文的形式。這是説唱文學的最早刻本。圖是以版畫製作，先由畫工繪出線條清晰、適合雕刻的畫稿，再由雕刻工刻成版畫，再印刷。這種插圖書籍在明朝非常受歡迎。

明朝四大特色印刷方法

印刷方法	製作工序
版畫	先由畫工繪出線條清晰、適合雕刻的畫稿，由雕刻工刻成版畫，再作印刷。
套印	將同一版面按顏色分成大小相同的幾塊，依次印在同一張紙上。
餖版(木板水印)	是分色分版的套印方法，將一個版面分成大小不同的塊，刷上不同的色，再拼起來。所以一幅彩圖往往要數十塊印版。
拱花	把雕板壓印在紙上，使紙面凸現花紋。與現代凹凸壓印相似。

穩步前進中的科技
④ 插圖書的盛行

由於雕版印刷術的發明已有相當時日，刻工技術日有改進，普及使用也成為可能。繪畫插圖書在明朝達到黃金時期，在文人、書商、刻工的努力經營下，欣欣向榮，這使文化傳播更加廣泛。

《十竹齋畫譜》之花石圖

葉子和花瓣可分出顏色深淺，陰陽向背

雕版的題材和數量

宋朝雖然發明了活字印刷術，但是漢字不是拼音文字，做字模所費工夫很多，所印出的書又未必得上雕版印刷的精美，因此活字印刷在古代中國沒有取代雕版。雕版印刷可以印圖，比活字印刷多了一個美化圖書的作用，因此雕版印刷歷久不衰。明朝以雕版印刷印插圖書達到極盛，歷代插圖刻本有四千多種，明朝佔了二分之一，而且雕工精美。宋朝已見端倪的非宗教性雕版印刷品，到明朝變成主角。書籍插圖的題材非常廣泛：如小說、戲曲、時文裏的故事情節插畫，地方誌書裏的山川形勢，工具書裏的實物圖；甚至還有　種全新的出版物　畫譜。以雕刻的版畫作為書籍插圖，解說知識，美化書籍，使文化傳播產生更大的影響。

工具書中的插圖

明朝附圖的工具書很多，科技的、地理的、百科全書式的，都有實用的說明圖。農業書籍有農具和各種農業操作的圖；醫學書籍有經絡穴位、草藥礦物等圖，醫生可以檢閱篇章，對症治療；地方志有地勢圖、山川景物圖；增加民眾知識的百科全書也有附圖。明朝出版的書固然加了插圖，成於前代的書，如《農書》、《武經總要》等也在刻印時為之附圖。這些技術性和工具性的書，有圖一目了然，勝於千言萬語。

美術界的盛事

明朝雕版刻書業的發展，為美術界開闢了兩種興盛局面。一是插圖書的新品種——畫譜。這種有圖的繪畫教學書籍，對雕刻藝術和彩色印刷有較高要求，當時已有彩色的畫譜，印成的畫作有如手繪。其次是版畫的興盛。當時繪圖雕刻以江南為盛，安徽徽州、浙江及江蘇吳縣的版畫家最為人稱道，江浙是畫家集中地，因此在畫壇上的名畫家，也是為版畫繪稿的巧手，如陳洪綬、仇英。以刻工而言，則以安徽徽州最有名，歷久不衰。刻工的技藝，可以做到與原畫稿亂真的地步。

《十竹齋畫譜》之花卉局部
這是使用木版水印的代表作，由胡正言於崇禎十七年(1644)刊刻。木版水印是一項十分複雜的工藝。一幅畫往往要刻上三四十塊版，分先後輕重印刷六七十次。通過多種色調的套印、疊印，充分體現原作的藝術風韻。與餖版相近的技術今人稱為木版水印，至今仍然用來印製中國畫。

山東濰坊明清古版

雕刻印版是把翻轉上版的黑色線條浮雕出來，而雕版的效果優劣往往是插畫書的成敗關鍵。插圖畫的線條幼細，雕刻起來絕非易事，需要鋒利的刻刀和雕版師的嫻熟手藝，方能製作出精細的雕版。

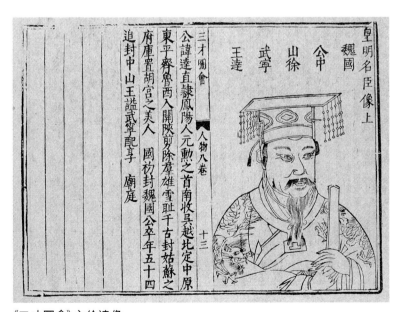

《三才圖會》之徐達像

此書內容分為十四類，包括天文、地理、人物、時令、宮室、器用、鳥獸、草本等，是當時的百科大全繪本，現在看來，則可供我們了解古代生活。這是明朝開國功臣徐達的肖像及生平介紹。

《海內奇觀》之麯院風荷

通俗的插圖書籍在印刷業發達的地區如杭州數量很多，《海內奇觀》屬上乘之作，以繪圖形式記各省山川見聞，對景寫生，是一幅幅的民俗風情畫。

穩步前進中的科技

⑤ 造船業的高峯

中國古代造船業曾出現三次高峯期，第一個在秦漢，第二個在宋元，明朝則是第三個高峯，當時的技術和產量均處於世界的領先地位，明朝造船廠分佈地區廣，規模大，配套設施齊全，更是前兩個高峯所未及。中國科技史專家李約瑟認為，公元1100～1450年中國的海上船隊是世界上最偉大的。但是明朝多次實施海禁，造船業的發展受到限制，明中期以後已停滯不前。

明朝的船廠

配合對外貿易和商品經濟的發展，明朝造船業也迅速發展。當時規模較大的造船廠有三個：江蘇的龍江船廠、淮南的清江船廠和山東臨清的衛河船廠，廠址均在運河附近。

龍江船廠的前身是寶船廠，專造皇室、官府用船和戰船，尤以造大型海船著稱，年產量超過二百艘，鄭和下西洋的海船都是在此建造的。清江船廠專造漕運船舶，年產量五百艘，到明中期衛河船廠併入清江船廠後，年產量增加到六百三十多艘。

明朝造船技術成熟，有關船舶及船廠的著作也比前朝更多更精，各類船舶形制及製造技術都有細致記述，例如《南船記》就把船類分為二十種，並詳列其尺寸、工匠數目及造價。

《唐船之圖》之寧波船

中國船在日本稱為"唐船"，明末清初前往日本貿易的中國商船絡繹不絕。這卷由日本人繪製的《唐船之圖》中有十一種帆船，均是當時來自中國及東南亞港口的船隻類型。這艘寧波船屬福船類，船底尖，有龍骨。船身還註明各部位的名稱及尺寸。

可逆風行駛的沙船

中國古代船舶名目繁多，以船首的形狀劃分，分為尖首和方首；以船底的形狀歸類，則分尖底和平底。沙船是一種優良的船型，平底方首方尾，甲板寬敞，尾部出艄，由於船體龐大，可以設置多桅多帆，於逆風頂水中也能航行自如。沙船多在船尾安裝升降舵，船艙採用水密隔艙，抗沉性良好。此外，它有吃水淺的優點，彌補了方頭與水面接觸大，阻力也大的缺點。沙船性能良好，貨船、海船、軍艦多採用這種船型，鄭和的寶船和漕運的船隻也屬這類。

航行穩定的福船和廣船

福船是福建、浙江沿海一帶的尖底海船的統稱；廣船是以廣東的大船增加戰鬥設施而改成的戰船類型。兩者吃水深，穩定性高，而且外型相似，同是尖首、尖底，船底用水密艙結構，外形高大如樓。主要區別在於船尾，福船尾尖上闊，廣船尾方平行。福船尖首尖底的設計，可以破浪前進，容易轉舵，尤其適合於狹窄和多礁石的航道行駛。現在流行於福建、廣東的民用小船便多是福船船型。

沙船

沙船是一種方頭方梢平底的船型，源於長江口一帶。與福船不同，沙船因底平吃水淺，故適宜在淺海航行。

福船

福船船身一般較大，有些甚至可容百人。底尖故可破浪而行，船尾高聳，有帆桅兩道。但由於吃水較深，適宜航行於大海，不利於淺水及無風處。這是按《籌海圖編》中的戰船圖復原的。據記載，船身共分四層，士兵可站於最上層攻敵。

廣船

自唐、宋以來，廣州、惠州、潮洲等地的造船業興盛。船多以堅固的鐵力木所造，故不易撞毀。

明 朝 歷 史 大 事 年 表

公元紀年	王朝紀年	大事記
1368年	明太祖洪武元年	朱元璋在應天(今南京)稱帝,是為明太祖。
1370年	明太祖洪武三年	正式定出科舉形式,初場試《經》義、"四書"之義,即後來的八股。
1372年	明太祖洪武五年	在長城最西端營築嘉峪關,防禦設施嚴密,是著名的一大雄關。
1375年	明太祖洪武八年	詔行鈔法,發行大明寶鈔,禁止民間以金銀貨物交易。這種由中央強制執行流通的貨幣不斷貶值,到明中期漸受淘汰。
1380年	明太祖洪武十三年	廢丞相,罷中書省,政事歸六部,直接向皇帝負責,強化了君主集權。
1381年	明太祖洪武十四年	登記全國戶口,編成《黃冊》,代替自1370年推行的戶帖制度。以後每十年編訂一次,作為徵收賦役的依據。
1382年	明太祖洪武十五年	廢丞相後,設殿閣大學士作為皇帝的顧問。
1385年	明太祖洪武十八年	在南京雞鳴山建立觀象台,是為世界上最早、設備最完善的天文台。北京觀象台則建於1442年。
1387年	明太祖洪武二十年	始編"魚鱗圖冊",量度並登記全國田畝的地形和面積,列出田主姓名,與《黃冊》並行,作為徵稅依據。
1402年	明惠帝建文四年	朱棣攻陷京師,即位,是為明成祖。惠帝下落不明。 命解縉、黃淮入值文淵閣,是內閣預機務之始。
1405年	明成祖永樂三年	宦官鄭和受命出使西洋,出訪三十多個國家和地區,遠達非洲東部,是世界航海史之創舉。鄭和隨員著有《西洋番國志》、《瀛涯勝覽》等,是明初中西交通史的重要著作。
1407年	明成祖永樂五年	官修大型類書《永樂大典》完成,包括經史子集百家內容,由成祖親撰序言。
1409年	明成祖永樂七年	設奴兒干都指揮使司 成祖遣使迎宗喀巴入京傳法,宗喀巴遣弟子絳欽卻傑代行,受封為"大慈法王"。宗喀巴是藏傳佛教格魯派的奠基人物。格魯派又稱黃教,是西藏的執政教派。
1411年	明成祖永樂九年	開會通河,大運河南北運輸暢通,促進南北經濟及文化交流。此外,疏浚黃河故道,與會通河合,漕運復通,從此河運漕糧漸取代海運。
1421年	明成祖永樂十九年	紫禁城(1406年始建,1420年基本建成)興建完成,成祖遷都北京。紫禁城佔地72萬餘平方米,建築佈局對稱,是現存最宏大完整的古建築羣。
1426年	明宣宗宣德元年	宣宗設立內書堂,教宦官讀書,成為宦官干預朝政的伏線之一。
1449年	明英宗正統十四年	英宗親征瓦剌被俘,史稱"土木之變",京軍力量崩潰。
1477年	明憲宗成化十三年	設置西廠,由宦官汪直控制,可隨意偵訊和捕殺大臣百姓。
1517年	明武宗正德十二年	佛郎機經葡萄牙人傳入中國。1521年已開始仿製。1522年,明軍擊敗葡萄牙艦船,繳獲佛郎機二十門,之後明廷開始大規模的仿製。
1534年	明世宗嘉靖十三年	建皇史宬,收藏官方典籍,石構建築內以樟木櫃儲存檔案,能有效防火防潮防蟲,稱"石室金匱"。它是現存最古老和最大的檔案庫。

1547年	明世宗嘉靖二十五年	明初已在修築東起鴨綠江、西至嘉峪關的長城，並在長城沿線一帶設九邊。是年再修大同至宣府一段。現今長城的面貌基本上是明朝的遺迹。
1553年	明世宗嘉靖三十二年	葡萄牙人以海船遇難、借地曬物為由，擴展澳門租地。至1557年，葡萄牙人始於澳門設置官吏。
1555年	明世宗嘉靖三十四年	戚繼光受命抗倭。他為抗倭創新戰陣，所著《紀效新書》和《練兵實紀》，表現其練兵治軍的思想。
1561年	明世宗嘉靖四十年	范欽在寧波建天一閣，是現存最古老的私人藏書樓。
1565年	明世宗嘉靖四十四年	潘季馴受命總理河道，他以堤束水，以水攻沙，講究防治，修黃通運，效果顯著。
1578年	明神宗萬曆六年	李時珍所著《本草綱目》完成。現已被翻譯成多種文字流傳世界。
1581年	明神宗萬曆九年	張居正推行"一條鞭法"，簡化稅制，農民可出錢代役，勞動力便可投入手工業，有助於促進商品經濟發展。
1504年	明神宗萬曆二十二年	顧憲成被罷官還家，在無錫修東林書院，聚眾講學，議論朝政，東林黨議始此。明朝曾發生四次詔毀書院事件，東林書院在1626年被毀。
1601年	明神宗萬曆二十九年	意大利籍傳教士利瑪竇入京傳教。他引入西方天文學、測量經度等知識，在中國完成學術著作二十餘種。與徐光啟合譯的《幾何原本》，是西方數學傳入中國之始。
1610年	明神宗萬曆三十八年	欽天監預測日蝕不準，李之藻等參用利瑪竇等人所傳的曆法修曆，西方曆法自此在中國應用。
1621年	明熹宗天啟元年	茅元儀寫成《武備志》，匯集了軍事理論、戰略戰術、軍用物資等史料。
1623年	明熹宗天啟三年	荷蘭侵佔澎湖、台灣，後被逐出澎湖。
1626年	明熹宗天啟六年	後金攻打寧遠，被袁崇煥用大炮擊退，努爾哈赤受重傷而死，兒子皇太極繼位。
1628年	明思宗崇禎元年	陝西饑荒，王嘉胤、王大梁、高迎祥（闖王）等起事。
1630年	明思宗崇禎三年	思宗誤信後金反間計，將袁崇煥處死，明朝頓失守關良將。
1633年	明思宗崇禎六年	徐光啟逝世，所著《農政全書》以當代農業實驗為基礎，融合前人研究和西方科技成果。
1635年	明思宗崇禎八年	《崇禎曆法》完成，全面和系統地介紹歐洲天文學知識，卻因受朝中守舊派阻撓，至明亡仍未頒佈。
1636年	明思宗崇禎九年	高迎祥被明軍所殺，李自成被擁為闖王。
1637年	明思宗崇禎十年	科學巨著《天工開物》刊行，作者宋應星詳細紀錄及總結歷代農業及兵器、火藥、紙等生產技術。
1641年	明思宗崇禎十四年	《徐霞客遊記》的作者徐宏祖去世。他自二十二歲起深入考察中國各地的地理及地質，是世界上考察石灰岩岩溶地貌的第一人。
1644年	明思宗崇禎十七年	李自成攻入北京，思宗於煤山自縊而死，明朝滅亡。